DENARO E
REDDITO PASSIVO:
Le 30 strategie più efficaci per un'accurata gestione del denaro, una corretta educazione finanziaria e su come fare i giusti investimenti.
VOLUME 2

Carmelo Parisi

N.B: I consigli dati in questo libro non costituiscono sollecitazione a investimenti, ma sono solo a scopo informativo.

INDICE

1 – La ricchezza non ha solo a che fare con il denaro.

2 - La ricchezza va guadagnata, non cade dal cielo.

3 - La ricchezza è libertà, ma implica anche maggiori responsabilità.

4 - È facile ottenere ricchezza, ma è difficile mantenerla.

5 - La maggior parte della ricchezza viene accumulata nel corso delle generazioni.

6 - Non esiste una formula per diventare ricchi.

7 - La ricchezza è accessibile a tutti, ma non tutti possono accedervi.

Suggerimenti sul reddito passivo

15 suggerimenti sulla gestione della proprietà per gli imprenditori che vogliono guadagnare un reddito passivo nel settore immobiliare

1. Apprendi la valutazione dinamica finale e la gestione delle entrate.
2. Occupati della manutenzione preventiva.
3. Costruisci un solido piano di marketing.
4. Svolgi più ispezioni.
5. Costruisci un buon rapporto con il tuo team di manutenzione della casa.
6. Sii realistico riguardo al prezzo.
7. Pensa alla tua casa in termini di ospitalità.
8. Adotta un approccio strategico.
9. Fai un inventario adeguato.
10. Fornisci istruzioni facili da usare.
11. Valuta diversi gestori di proprietà in anticipo.
12. Lavora con un agente immobiliare esperto.
13. Crea un piano finanziario.
14. Pianifica di reinvestire nella tua casa.

INTRODUZIONE

Ci sono tantissimi modi per ottenere l'indipendenza finanziaria; il primo passo è ridisegnare la propria vita in modo da non dover guadagnare una parte considerevole del proprio reddito lavorando attivamente.

Per riuscirci, è necessario produrre reddito passivo.

Il reddito passivo è quel reddito che richiede uno sforzo iniziale minimo o anche nullo per poi continuare ad avere un certo flusso di denaro senza dedicare del tempo nel produrre altri soldi.

Un modo per produrre reddito passivo partendo da un capitale iniziale è quello di possedere un business come una fabbrica o un negozio di mobili consentendo all'azienda di emettere debito per finanziare la crescita.

I primi "store manager" di eBay a cui era consentito investire prima che la società fosse quotata in borsa erano in questa posizione.

Coloro i quali scelgono di concentrarsi sulla creazione di reddito passivo che richiede un capitale iniziale, avranno bisogno di denaro da parte di un membro della loro famiglia, fondi da parte di investitori o coraggio per prendere in prestito grandi somme di denaro e quindi contrarre dei debiti per l'acquisto delle risorse.

Basti pensare a chi richiede ingenti prestiti bancari per costruire un condominio o acquistare case in affitto.

Sebbene una piccola quantità di capitale possa trasformarsi in un flusso di reddito elevato, questa attività presenta anche dei rischi.

Quando si utilizza denaro preso in prestito, il margine di errore è molto inferiore perché in questo caso non è possibile sbagliare altrimenti si rischia di finire indebitati fino al collo.

La maggior parte delle persone riesce a guadagnare reddito passivo attraverso la pubblicità online su siti web che richiedono un monitoraggio quotidiano limitato.

I cosiddetti "publisher" sono in grado di attirare traffico sul web producendo determinati contenuti e lasciando che i motori di ricerca facciano la maggior parte del lavoro indirizzando le persone al sito.

Il secondo modo per produrre reddito passivo consiste nella creazione di fonti di reddito che non richiedono del capitale per essere implementate, e poi per continuare a crescere.

Questa opzione è di gran lunga migliore per coloro i quali vogliono iniziare da soli e costruirsi una fortuna dal nulla.

Ad esempio, è possibile creare un libro, una canzone, un CD, un marchio, un sito online o dei servizi ricorrenti.

Internet ha aperto la strada alle aziende, le quali hanno un ritorno quasi illimitato sul patrimonio netto tramite dropshipping, e-commerce e vendite al dettaglio che richiedono una quantità di denaro ridotta o nulla per andare avanti.

In generale, il percorso più comune per generare grandi flussi di reddito passivo è continuare a svolgere la propria professione e utilizzare il reddito guadagnato attivamente per acquistare risorse che producono automaticamente reddito passivo.

Ad esempio, è possibile acquistare delle azioni in modo che, con il tempo, la natura della capitalizzazione, il piano d'accumulo del capitale e il reinvestimento dei dividendi possano creare un portafoglio che dia origine a redditi passivi di un certo spessore.

Lo svantaggio di questa opzione consiste nel fatto che spesso sono necessari molti anni per guadagnare abbastanza e in modo da poter migliorare il proprio tenore di vita.

Tuttavia, è comunque il percorso più efficace per accumulare ricchezza.

Un grande vantaggio nella creazione di entrate passive è che spesso tali entrate sono tassate in modo più conveniente rispetto al reddito attivo, in quanto questo tipo di reddito offre alle persone un incentivo a investire in attività che aiuteranno a far crescere l'economia e a creare più posti di lavoro.

Il denaro derivante dai dividendi, per esempio, è tassato di meno rispetto al denaro derivante da un lavoro.

Il proprietario di un business che lavora all'interno della società da lui stesso fondata, dovrà pagare più imposte sulle buste paga di un lavoratore autonomo rispetto a chi ottiene un interesse passivo dalla stessa responsabilità limitata dell'azienda e paga solo l'imposta sul reddito.

Il reddito guadagnato tanto faticosamente è quindi tassato ad una quota più elevata rispetto allo stesso reddito guadagnato passivamente.

Esistono fonti di reddito passivo che richiedono del capitale per l'avvio, il mantenimento e la crescita dell'attività, e fonti di reddito passivo che invece non ne hanno bisogno.

Quale fonte sceglierai, dipenderà dalle tue attuali condizioni finanziarie, dai tuoi talenti, dalle tue abilità, dalla tua personalità, ecc.

Alcuni esempi di reddito passivo includono:

- Guadagno da pubblicità online su un blog o su un sito web di tua proprietà;
- Dividendi di azioni, REIT e fondi comuni di investimento azionario;
- Interessi su obbligazioni, mercati e altre disponibilità liquide;
- Pensioni;
- Affitto da investimento immobiliare;
- Diritti di brevetto per un'invenzione;
- Diritti di licenza su persone o marchi di tua proprietà;
- Diritti d'autore su libri, canzoni e altre pubblicazioni di lavori originali;
- Profitti derivanti da diversi tipi di attività su cui intervieni poco o non intervieni affatto.

La lista potrebbe continuare ancora, ma questi esempi rappresentano un ottimo inizio.

Svantaggi del reddito passivo

- La creazione di una società richiede più tempo e denaro rispetto alla creazione di qualsiasi altra fonte di reddito.
- Le agenzie governative monitorano le aziende, il che significa dover dar conto di tutte le documentazioni.
- I profitti aziendali possono essere soggetti a imposte complessive più elevate poiché il governo tassa i profitti a livello aziendale e a livello individuale se tali profitti vengono distribuiti agli azionisti. Inoltre, una società non può dedurre dal proprio reddito i dividendi che paga ai propri azionisti.

Quando il titolo di un bene come un immobile viene spostato da chi è deceduto a chi eredita la proprietà, di solito è necessario pagare un'imposta di successione.

Le imposte di successione sono più difficili da gestire in caso di fonti di reddito passivo perché di solito è difficile liquidare solo parte di un'attività.

In caso di titoli azionari, una parte dell'attività può essere venduta per pagare le tasse, il che è più difficile nel caso di proprietà.

Nonostante ciò, la proprietà è la fonte più comune di reddito passivo.

Non esistono investimenti passivi al 100%, ma esiste uno spettro di attività più o meno passive.

La forma di reddito più passiva è rappresentata dai fondi indicizzati.

In ogni caso, è bene prestare attenzione alle truffe e agli imbroglioni, sia nell'ambiente delle criptovalute che in investimenti diversi.

Le tasse vengono detratte dal reddito ogni anno e questo è uno svantaggio perché senza di esse quel denaro potrebbe essere generato più velocemente.

L'interesse composto negli investimenti di capitali avviene automaticamente.

Quando una società non emette dividendi, significa che ha reinvestito i profitti nell'attività.

Vantaggi del reddito passivo

IL RAGGIUNGIMENTO DI un reddito passivo richiede una fase di apprendimento.

Bisogna fare delle ricerche, trovare buoni mentori e partecipare a seminari sull'argomento.

Ci sono diversi modi per guadagnare reddito passivo, così come esistono diverse idee per farlo crescere.

Se sei stressato e stanco della tua routine lavorativa quotidiana e vuoi uscire dalla tua comfort zone, informati sul come generare reddito passivo.

Poiché il reddito passivo aumenta le tue finanze, raggiungerai i tuoi obiettivi finanziari più velocemente rispetto a quando dipendevi dal tuo lavoro a tempo pieno.

Questo ti permetterà di evitare gli straordinari e ti darà più tempo per fare ciò che hai sempre desiderato, per esempio passare del tempo con la tua famiglia e i tuoi amici, fare una vacanza, lavorare sull'apprendimento di una nuova abilità, finire quel libro che ti eri ripromesso di finire 3 anni fa, tutto questo senza preoccuparti di quando programmare gli straordinari per aumentare i tuoi guadagni.

Guadagnare reddito passivo richiede tempo per far crescere il denaro ma anche molta ricerca, duro lavoro, tentativi ed errori.

Un dipendente a tempo pieno lavora solitamente per un certo numero di ore al giorno.

Con il reddito passivo è possibile usufruire di un flusso di denaro aggiuntivo e farsi strada verso la libertà finanziaria a seconda di quanto sia diversificato il proprio portafoglio.

Diversifica il tuo portafoglio

IN ALTRE PAROLE, PIÙ diversifichi il tuo portafoglio meno ti esponi al rischio.

I flussi di reddito passivo sono ottimi strumenti perché in genere offrono una bassa volatilità e rendimenti più elevati rispetto a quelli standard; si tratta di un investimento "sicuro" che genera reddito senza il tuo coinvolgimento attivo.

L'esperienza dimostra che è meglio combinare reddito passivo e reddito attivo insieme ad altre fonti di denaro come il settore immobiliare.

Investendo anche in risorse come i terreni agricoli, che sono storicamente aumentati di valore quando i valori del mercato azionario sono scesi, potrai rendere più equilibrato il tuo portafoglio e proteggere i tuoi guadagni e i tuoi asset.

Diversificare il proprio portafoglio è una buona pratica di investimento.

Non investire tutti i tuoi soldi in azioni: i valori possono scendere più del 30% in pochi mesi.

Allo stesso modo, non investire tutti i tuoi soldi in obbligazioni, anche se sono meno volatili.

I tuoi rendimenti saranno significativamente superiori se combinerai gli investimenti in obbligazioni con gli investimenti in azioni.

La soluzione è trovare un equilibrio per proteggere e ottimizzare il valore del proprio portafoglio, e le fonti di reddito passivo sono ottime per raggiungere questo obiettivo.

Ci sono molti modi per creare flussi di reddito passivo.

Che tu stia usando le tue capacità o il tuo talento per guadagnare online, investire in redditi da locazione o in azioni con dividendi, cerca di difendere il tuo portafoglio dagli investimenti più rischiosi.

Tuttavia, più sono rischiosi gli investimenti, più probabilità avrai di ottenere un ritorno elevato, quindi non lasciarli completamente fuori dal tuo portafoglio.

Idee di reddito passivo per costruire ricchezza reale

L'AGGIUNTA DI FLUSSI di reddito passivo al proprio portafoglio aiuta ad aumentare i propri guadagni e ad accelerare i propri obiettivi finanziari in modo straordinario.

I flussi di reddito passivo richiedono nella fase iniziale investimento ed attenzione.

Dopo un po' di tempo, grazie al tuo duro lavoro iniziale, questi flussi di reddito passivo saranno in grado di mantenersi da soli, generando entrate consistenti senza troppi sforzi da parte tua.

Ad esempio, puoi utilizzare il reddito passivo per liberarti dai debiti o raggiungere l'indipendenza finanziaria in breve tempo.

Inizia ad investire nel settore immobiliare per soli € 500: questo è uno dei metodi più comuni per creare reddito passivo.

UFB Direct è una banca digitale che trattiene il tuo conto di deposito permettendoti di depositare assegni e altri prodotti simili.

UFB ha attualmente uno dei tassi di interesse più alti su un conto di risparmio.

Dai un'occhiata a UFB Direct e inizia a guadagnare!

Aumenta i tuoi guadagni

SE IL TUO OBIETTIVO è raggiungere la libertà finanziaria o guadagnare reddito sufficiente a coprire tutte le tue spese, i flussi di reddito passivo sono l'unico modo per arrivarci.

Innanzitutto, dovrai diversificare i tuoi investimenti in modo da proteggerti durante i diversi cicli di mercato come accennato in precedenza.

Inoltre, continuando a svolgere il tuo lavoro principale e creando una fonte di reddito passivo che ti permetta di guadagnare anche mentre dormi, sarai in netto vantaggio.

Mentre ottieni entrate dal tuo lavoro a tempo pieno e dai tuoi flussi di reddito passivo, puoi reinvestire ciò che non ti serve affinché le tue spese continuino ad aumentare di valore.

Questo modus operandi richiede molta disciplina e dedizione, ma con il passare del tempo ti renderai conto che tale strategia è quella vincente.

Qualsiasi strategia di reddito passivo comincia con l'elaborazione di un piano di risparmio al quale attenersi.

Dopo esserti fatto un'idea realistica di quanto guadagnare per coprire le tue spese, potrai iniziare a considerare la creazione di un reddito aggiuntivo.

In questo modo, capirai anche quanto reddito passivo è necessario per raggiungere i tuoi obiettivi finanziari.

Realizza prodotti eterni e vendili

MOLTE PERSONE SI SONO arricchite creando un prodotto unico di cui possiedono i diritti.

Un autore che ottiene i diritti sul libro che ha scritto, un creatore che detiene i diritti di licenza su una sua invenzione, un cantante che guadagna da ogni CD venduto, sono tutti ottimi esempi di questo modo di produrre reddito passivo.

Una volta creato il tuo prodotto, il denaro fluirà automaticamente verso di te perché ci saranno persone che avranno bisogno del prodotto.

Network Marketing

CI SONO MOLTI PROGRAMMI che potrebbero aiutarti a guadagnare grazie agli sforzi delle persone a cui fai riferimento.

Molti anni fa, questo tipo di schema, a volte indicato come "schema piramidale", aveva una cattiva reputazione.

Ad un certo punto, molte aziende fraudolente che non avevano un vero e proprio modello di business, hanno cominciato ad utilizzare questo schema come strumento di marketing: pubblicizzavano i vantaggi di fare soldi chiedendo agli utenti di pagare una quota iniziale per registrarsi e, una volta che coinvolgevano un certo numero di persone, chiudevano l'attività.

Molte persone hanno perso denaro in questo modo o comunque hanno sentito parlare di queste storie, quindi sono molto scettiche quando si parla di questa tipologia di business.

Tuttavia, se l'azienda con cui crei la tua rete ha un prodotto legittimo, il network marketing può essere un modo molto potente per realizzare entrate passive.

Blogging

MOLTE PERSONE PENSANO che il blogging sia un lavoro passivo, ma in realtà non lo è.

Chi frequenta regolarmente i blog sa che i blogger trascorrono spesso molte ore al giorno a ideare e scrivere contenuti, oltre che a gestire per esempio il layout del blog.

Il reddito passivo viene erroneamente associato ad un lavoro che non richiede alcuno sforzo.

Analizziamo gli esempi di reddito passivo menzionati in precedenza per comprendere meglio questo aspetto.

Affinché i dividendi e gli interessi siano significativi, il capitale (ovvero il denaro messo in un conto finanziario) deve essere piuttosto ingente; per generare questa grande quantità di denaro bisogna lavorare duramente.

Anche la creazione di un prodotto richiede parecchie spese e lo stesso vale per il network marketing, dove è necessario impegnarsi a fondo per costruire la propria rete.

Quindi, se pensi che guadagnare reddito passivo sia facile fin dall'inizio, significa che non sei adeguatamente informato sull'argomento.

Dovrai spendere parecchio tempo e fatica prima di poterti rilassare un po'.

La maggior parte dei blogger che cercano di investire nel reddito passivo non arrivano da nessuna parte.

Se desideri che i tuoi lettori siano attratti dai tuoi annunci, dovrai renderli degni di attenzione.

La gente pensa che per guadagnare su Internet sia sufficiente postare annunci senza valore sul proprio blog, ma non è così che funziona.

Perché alle fermate degli autobus sono appesi dei cartelloni pubblicitari?

Queste fermate offrono un posto asciutto o comodo per aspettare l'autobus; in cambio di tale servizio, le persone accettano di confrontarsi con la pubblicità.

Lo stesso vale per i blog: se come blogger non riesci ad aggiungere valore alla vita dei tuoi lettori, essi non guarderanno i tuoi annunci.

Il primo passo per generare reddito passivo è sviluppare la giusta mentalità.

In altre parole, dovrai:

- Essere disposto a pensare a diversi modi per fare soldi.
- Comprendere che, sebbene l'obiettivo finale sia lavorare di meno e guadagnare abbastanza per sostenere il tuo stile di vita, all'inizio dovrai lavorare sodo.
- Ricercare modi per aggiungere un flusso di reddito passivo al tuo lavoro attuale.
- Renderti conto che molte idee non funzioneranno.
- Avere la certezza di potercela fare: molte persone ci riescono con successo e vivono la vita dei loro sogni.
- Ma soprattutto dovrai divertiti a farlo.

Se hai quello che ti serve, inizia già da ora!

Spargi la voce sul reddito passivo e continua a cercare modi per aumentare i tuoi flussi di denaro.

12

Un giorno, sarai in grado di licenziarti dal tuo lavoro senza preoccuparti della tua situazione finanziaria.

Guadagna mentre dormi

INDIPENDENTEMENTE DALLA strategia di reddito passivo che sceglierai, probabilmente dovrai investire anche una quantità di tempo piuttosto significativa ed accontentarti di guadagnare poco almeno all'inizio.

Tuttavia, dopo aver dato un'impostazione iniziale al business, ogni flusso di reddito continuerà a rigenerarsi con un intervento minimo o nullo da parte tua.

Se il tuo obiettivo è raggiungere la libertà finanziaria ed avere maggiore controllo sul tuo tempo, impegnati al massimo nell'espansione dei tuoi flussi di reddito passivo.

Ricorda che questo processo non sarà né facile né veloce, almeno nella fase iniziale.

Uno dei maggiori vantaggi di un flusso di reddito passivo, è che richiede poco sforzo per essere mantenuto e inoltre genera reddito automaticamente.

Al contrario, i flussi di reddito attivo spesso implicano lo scambio diretto tra tempo e denaro.

La maggior parte di noi deve lavorare duramente per guadagnarsi da vivere.

Tuttavia, se generiamo reddito solo lavorando attivamente, ci esponiamo al rischio di non essere in grado di guadagnare in caso di infortunio o malattia invalidante.

Potenziamento

IL REDDITO PASSIVO ti permette letteralmente di guadagnare mentre dormi.

In qualità di imprenditore, non otterrai uno stipendio fisso, ma sarai in grado di assicurarti una stabilità finanziaria creando più flussi di reddito e rendendo alcuni di essi passivi con l'aiuto dei passaggi e degli strumenti corretti.

Non correre subito verso le opportunità online: ne esistono anche molte offline.

Non cercare di fare tutto da solo.

Ci sono molti modi per attirare potenziali clienti e ottenere maggiore visibilità, così da poter creare ulteriori flussi di entrate.

Se cerchi una stabilità finanziaria, prova a collaborare con un'azienda in cui credi veramente.

Se non apprezzi i prodotti e la "mission" di un'azienda, la tua collaborazione sarà molto forzata ed è anche così che apparirai al tuo pubblico quando cercherai di effettuare delle vendite.

Scegli un'azienda di cui sei già informato o un'azienda che produce prodotti che già consumi, in modo che possa allinearsi con le offerte del tuo personale business.

Il primo passo, normalmente, genera entrate ridotte (a meno che tu non abbia un volume elevato di clienti) ma è comunque la parte più semplice.

Il secondo passo è ciò che può produrre un reddito passivo significativo, fino a migliaia e migliaia di euro, ma richiede anche maggiore impegno.

Le verità sulla ricchezza derivante dal reddito passivo

IL REDDITO PASSIVO è un semplice piano di libertà finanziaria in grado di trasformare un aspirante milionario in un imprenditore affermato grazie a siti di nicchia, attività di dropshipping, affiliate marketing e proprietà di investimento per il cosiddetto "house flipping" (acquistare un immobile a un buon prezzo per ristrutturarlo e rivenderlo nel breve termine a un prezzo maggiore).

Tuttavia, il reddito passivo attrae anche truffe e attività fraudolenti.

Ci sono infatti persone che non si fanno scrupoli a derubare la gente onesta promettendo stili di vita sontuosi con poco o nessuno sforzo; insistono sul fatto che non si tratta di schemi per arricchirsi velocemente, ma in realtà appaiono progettati proprio a questo scopo.

Cosa succederebbe se tu fossi in grado di vedere attraverso queste maschere?

E se sapessi tutto ciò che c'è da sapere ancora prima di iniziare?

E se avessi un piano personalizzato per realizzare i tuoi obiettivi finanziari?

La maggior parte dei libri sul reddito passivo ti dice ciò che vuoi sentirti dire; questo libro ti dirà invece di cosa hai effettivamente bisogno.

Inoltre, ti aiuterà a ideare un piano personalizzato per farti raggiungere l'obiettivo dei tuoi sogni, ovvero un reddito che non richieda molto sforzo e che sia sostenibile per tutta la vita.

Da decenni aiuto le persone a creare e gestire tutta la ricchezza derivante dal reddito passivo di cui hanno bisogno.

Aiuto i miei clienti a passare dai buoni pasto a patrimoni a 6 cifre, da un milione a 10 milioni, da 100 milioni a un miliardo.

Sei pronto a smettere di giocare e a prendere sul serio il tuo futuro finanziario?

Suggerimenti sul reddito passivo

NEI SEGUENTI SUGGERIMENTI, troverai alcune fonti di reddito completamente passive che richiedono solo un po' di lavoro iniziale per poi generare denaro automaticamente.

Altre sono considerate attività di reddito passivo perché non contribuiscono direttamente alla generazione di reddito.

Non vorresti anche tu guadagnare anche mentre dormi, o passare del tempo di qualità con i tuoi cari, o viaggiare per il mondo?

I modi per generare reddito passivo potrebbero aprirti gli occhi e aiutarti in questa impresa!

Anziché lavorare per molte ore ottenendo un certo stipendio, il reddito passivo ti permetterà di lavorare meno e in modo più intelligente al fine di generare entrate per diversi anni.

Sembra assurdo, vero?

Questo è esattamente il motivo per cui i suggerimenti e i trucchi riguardanti il reddito passivo sono argomenti davvero interessanti per coloro che desiderano guadagnare denaro extra.

In sostanza, è possibile produrre reddito passivo a lungo termine senza doverci lavorare attivamente (tranne ovviamente nella fase iniziale, dove invece è necessario impegnarsi a fondo).

La maggior parte delle persone, al giorno d'oggi, percepisce un reddito attivo, ovvero un reddito ottenuto da un investimento diretto di lavoro e tempo.

Fai parte di queste persone?

Ti piacerebbe forse guadagnare denaro extra, perché il tuo normale stipendio non è sufficiente per coprire tutti i tuoi desideri e bisogni?

Sappi che non sei l'unico.

Questa situazione accomuna tutti i dipendenti che percepiscono un certo reddito dalla loro azienda in cambio di circa 40 ore di lavoro settimanali.

Che cos'è il reddito passivo?

IL REDDITO PASSIVO è un reddito guadagnato automaticamente in cambio di poco sforzo.

Al contrario, il reddito attivo può essere guadagnato solo barattando direttamente il proprio tempo in cambio di denaro.

Nel caso del reddito attivo, che si tratti di un lavoro a tariffa oraria o di uno stipendio fisso, il denaro guadagnato è direttamente correlato al tempo trascorso a lavorare.

In altre parole, se non lavori non puoi guadagnare.

Inoltre, se ti ritrovassi immobilizzato a causa di un infortunio, una malattia o qualsiasi altro problema, perderesti la tua capacità di guadagnare reddito.

Ad esempio, un calciatore infortunato così gravemente da non poter continuare a lavorare nel campo delle attività sportive, perderebbe completamente la sua capacità di competere e quindi di guadagnare.

Esistono probabilmente decine di ragioni per le quali crearsi un reddito passivo è fondamentale.

Questo non significa che dovrai lasciare il tuo lavoro da reddito attivo.

Ovviamente, se puoi permetterti di farlo e cominciare a vivere grazie ai tuoi redditi passivi, te la caverai alla grande.

Tuttavia, la maggior parte delle persone non possono permettersi un passo del genere.

In presenza di debiti e altri obblighi finanziari, privarsi di un reddito attivo per un certo periodo di tempo non è fattibile.

A prescindere da come desideri guadagnare reddito passivo (online oppure attraverso un metodo più tradizionale come l'affitto di immobili), hai a disposizione diverse opzioni.

All'inizio sarà difficile, ma col passare del tempo ti renderai conto dell'importanza di creare una o più fonti di reddito passivo nella tua vita, e diventerai anche dipendente da esse, cercando ulteriori modi per produrre flussi di denaro aggiuntivi.

Ora, non fraintendere: creare un flusso di reddito passivo non è un'impresa semplice, in quanto richiede un enorme investimento di tempo senza ottenere alcun reddito iniziale.

Significa investire il proprio tempo con la speranza di produrre reddito in futuro.

Nel caso del reddito attivo, il denaro guadagnato è direttamente correlato alla quantità di tempo trascorso a lavorare, mentre il reddito passivo continuerà a generarsi anche molto tempo dopo che il lavoro è stato completato.

La maggior parte delle persone accetta di guadagnare un reddito attivo, ovvero un reddito che ripaga un certo numero di ore lavorative.

I ricchi, tuttavia, operano secondo altri standard che comportano un distacco tra il tempo fisico e i soldi guadagnati.

È possibile guadagnare un reddito passivo a partire da una serie di fonti come gli affitti immobiliari, i dividendi azionari, i tassi di interesse, i diritti d'autore, le commissioni di franchising, le lavanderie a gettoni, le pubblicità sui siti web e così via.

Se sei un appaltatore o un costruttore, in che modo potresti lavorare se perdessi di colpo la mobilità e l'uso di entrambe le mani?

Se perdessi una gamba o la vista, in che modo continueresti a guadagnare?

Se ti ammalassi e avessi bisogno di un trapianto di organi, per quanto tempo pensi che il tuo datore di lavoro potrebbe starti dietro prima di licenziarti?

Se la tua auto si guastasse e non avessi i soldi per ripararla, in che modo potresti recarti al lavoro come agente immobiliare e incontrare potenziali clienti?

Sarebbe estremamente difficile.

Ed ecco un altro modo per descrivere il reddito passivo: esso è denaro guadagnato in modo tale da non dover lavorare molto oppure da lavorare meno per mantenere la propria stabilità finanziaria.

Alcune fonti di reddito passivo sono l'affitto di proprietà, la creazione di un business su cui non è necessario intervenire attivamente (il che potrebbe richiedere un po' di lavoro) e i dividendi azionari.

In tutti questi modi, guadagnerai anche mentre dormi.

Non cadere nelle trappole sul reddito passivo che ti promettono un ritorno eccessivamente rapido o richiedono un'enorme quantità di denaro iniziale.

Non lasciare che i tuoi piani finanziari vengano sabotati.

Cerca idee stabili, redditizie e affidabili; svolgi le tue ricerche e non indebitarti mai!

Il tuo obiettivo sarà quello di ottenere l'indipendenza finanziaria e la libertà che desideri.

I sostenitori del guadagno passivo tendono a promuovere qualsiasi lavoro da casa che permetta di condurre uno stile di vita simile a quello del proprietario di un'azienda.

Fonti di reddito passivo sono le azioni, la pensione, le vincite alla lotteria, gli interessi, i lavori online e le plusvalenze.

Esistono autorità fiscali, nonché una legge di assistenza sulle entrate interne in qualsiasi Paese distingua il reddito passivo da altri tipi di reddito (come il guadagno derivante da un lavoro regolare o contrattuale) tassandolo anche in maniera diversa.

Il reddito passivo di solito è tassabile.

Esso è il denaro che una persona o un'azienda guadagna senza impegnare molto tempo.

Chiaramente, guadagnare senza lavorare sembra qualcosa di eccezionale, ma a tal fine è molto importante implementare le corrette strategie di reddito passivo per guadagnare il più possibile.

Mentre alcuni flussi di reddito passivo implicano il deposito di una certa quantità di denaro prima di iniziare a guadagnare, altri flussi non richiedono capitali iniziali.

Poiché questi due tipi di reddito passivo presentano i loro svantaggi e vantaggi, è bene che un imprenditore li consideri entrambi.

Infatti, ci sono molti ottimi modi per guadagnare reddito passivo, con o senza le spese iniziali.

In inglese si dice "Work smart, not hard", cioè lavora intelligentemente, non duramente.

Le persone più felici o di maggior successo sono quelle che sanno ottimizzare il valore del loro tempo, ovvero guadagnare senza dover rinunciare nemmeno ad un residuo di tempo o energia.

Soprattutto nell'era dei computer, degli iPod e degli smartphone, è assolutamente vero che sempre più persone stanno approfittando delle opportunità fornite dai flussi di reddito passivo per lavorare di meno e guadagnare di più.

Il reddito passivo è davvero uno strumento potente per raggiungere l'indipendenza finanziaria.

Solitamente, nel caso del reddito passivo, la maggior parte del lavoro viene svolto in anticipo al fine di ottenere determinati risultati successivamente.

Ti piacerebbe scoprire i segreti di chi ha completato l'intero processo di costruzione del proprio flusso di reddito passivo e ora sta usufruendo dei frutti di quel duro lavoro?

Magari sogni di lasciare il tuo ambiente di lavoro per goderti una vita più tranquilla oppure desideri andare in pensione in anticipo: sappi che, in mancanza di un piano efficace, questo rimarrà semplicemente un desiderio, un frutto della tua immaginazione.

Per realizzare il tuo sogno, dovrai cercare di crearti entrate passive; esistono numerose opzioni e linee guida per attivarti in tale direzione.

Se non sai di cosa si tratta, questo libro ti schiarirà le idee.

La maggior parte di noi svolge una professione per cui è previsto e necessario un duro lavoro.

Offriamo le nostre conoscenze e il nostro lavoro all'azienda per cui lavoriamo al fine di essere riconosciuti, gratificati e ricompensati.

Sebbene la maggior parte delle persone guadagni in questo modo, bisogna tenere a mente che smettere di lavorare equivale a smettere di guadagnare.

È qui che entra in scena il reddito passivo e chiunque può rapidamente capire perché questa idea sta diventando così popolare, soprattutto sul web.

3 svantaggi del reddito passivo

1. Opzioni per guadagnare reddito passivo

Uno dei modi per guadagnare entrate passive è offrire le proprie capacità e abilità su siti web freelance svolgendo quindi un lavoro secondario, ma ovviamente tutto ciò richiede tempo.

Promuovi i tuoi servizi sui social media ogni giorno, unisciti ad altri liberi professionisti per ottenere maggiori visualizzazioni e clic e per indirizzare più traffico ai tuoi servizi.

Man mano che i tuoi clienti ti affideranno dei lavori, sarai in grado di mostrare a tutti la tua esperienza e di accrescere le tue recensioni, le quali attireranno ulteriori acquirenti interessati a usufruire dei tuoi servizi; questo è un esempio di lavoro part-time.

Naturalmente, un lavoro regolare che richiede molto impegno, fornisce alcuni vantaggi, tra cui maggiore sicurezza, senso di stabilità, un programma strutturato e una fonte di reddito costante non basata sulla sugli investimenti.

Tuttavia, anche lavorare come libero professionista e gestire la propria azienda è un piacere, oltre che un modo molto flessibile per guadagnare entrate extra.

Fortunatamente, esistono molti modi per guadagnare qualche centinaio di euro in modo veloce e con poco sforzo.

Anche se riposare e lasciar lavorare il proprio denaro è un sogno per molte persone (me compreso), è bene continuare ad occuparsi attivamente dei propri fondi.

In sostanza, se l'idea di trascorrere i prossimi 30 anni della tua vita lavorando in un ufficio per 40 ore a settimana ti spaventa, sappi che hai a tua disposizione molte opzioni per abbandonare questo percorso così tradizionale.

2. Costi per iniziare a guadagnare reddito passivo

IL TEMPO PASSA E, SENZA una somma di denaro iniziale, i tuoi piani apparentemente infallibili potrebbero andare a rotoli in pochi giorni.

Ad esempio, potresti aver bisogno di soldi per comprare una seconda casa e, se quella casa dovesse bruciare, avresti bisogno di soldi per riparare i danni (a meno che non li copra l'assicurazione).

In realtà, creare flussi di reddito passivo non è così semplice come sembra.

Queste opportunità richiedono spesso migliaia di euro per l'avvio, il che risulta un ostacolo per molte persone.

Infatti, moltiplicando questo bisogno di denaro per il numero di flussi di reddito, il ritorno sull'investimento potrebbe ridursi drasticamente.

3. Il reddito passivo richiede diversificazione e tempo

NONOSTANTE IL REDDITO passivo può essere ottenuto senza dover svolgere alcun lavoro, molti flussi di reddito non durano per sempre.

Imparare e sapere cosa rende un sito user-friendly, studiare le migliori procedure per la SEO ed anche solo scrivere contenuti su ogni pagina di un sito richiede giorni di ricerca, prove ed errori.

È un processo lento, per cui è bene continuare a svolgere il proprio lavoro a tempo pieno finché la fonte di reddito passivo non comincia a fruttare seriamente.

È sempre una cattiva idea puntare tutto su una "carta sola".

Molti principianti pensano di aver bisogno di un solo flusso di reddito passivo, ma per condurre uno stile di vita confortevole è necessario averne più di uno.

La gestione di una serie di flussi di reddito può diventare caotica e complicata.

Sicuramente avrai sentito dire "Non esiste il reddito passivo" oppure "Il reddito passivo è un pessimo modo per guadagnare entrate extra" o ancora "Il reddito passivo è una truffa".

Sappi che non è così.

Il reddito passivo è un'opzione significativa e reale che presenta sia vantaggi che svantaggi.

5 vantaggi del reddito passivo

1. Il reddito passivo garantisce la libertà di tempo

Il tempo è la nostra più grande risorsa, è molto più prezioso del denaro e questo è un dato di fatto.

Mentre i soldi possono essere spesi e guadagnati, il tempo può essere utilizzato solo una volta: dopo che è passato, è andato via per sempre e non è più possibile rivivere fisicamente quel momento.

Questo è il motivo per cui il reddito passivo è così importante: esso garantisce la libertà di tempo.

Se sarai meno ostacolato dalla necessità di guadagnare per soddisfare i tuoi obblighi finanziari settimanali o mensili, avrai più libertà di tempo.

Se non sarai impegnato in un lavoro a reddito attivo, sarai libero di fare ciò che preferisci.

Potrai scegliere di viaggiare in tutto il mondo, sistemarti e creare una famiglia o anche impegnarti in altri progetti di lavoro per creare ulteriori flussi di reddito passivo.

La scelta è tua; hai la libertà di scegliere perché hai la libertà del tempo.

È questo il potere del reddito passivo.

Ciò non significa che avrai totale libertà da tutti gli obblighi della vita; significa semplicemente che potrai sfruttare il tuo tempo libero senza dover lottare pur di far quadrare i conti alla fine della settimana o del mese.

Finché il tuo reddito passivo supererà le tue spese settimanali o mensili, sarai libero di sfruttare il tuo tempo come preferisci.

Con ogni nuovo flusso di reddito passivo, le tue entrate alla fine supereranno di gran lunga le tue spese e in questo modo avrai raggiunto la vera libertà finanziaria.

Se il tuo reddito passivo sarà superiore alle tue spese, ti libererai dall'obbligo di dover lavorare almeno 8 ore al giorno dalle 9 alle 17.

Potrai goderti la vita e fare quello che vorrai, guadagnando abbastanza da poter sostenere il tuo stile di vita.

Non è fantastico?

2. Il reddito passivo ti permette di inseguire i tuoi sogni facendo ciò che ami e non ciò che ti serve per pagare le bollette

TUTTI ABBIAMO DELLE passioni, ma ci capita sempre di rimandarle ad un secondo momento.

Che si tratti di pittura, musica o viaggi, potremo assecondare le nostre fantasie e i nostri sogni solo quando il reddito passivo ci libererà dai debiti che ci tengono legati al ciclo infinito di pagamenti ed interessi.

Il reddito passivo ti consentirà di abbandonare la vita frenetica, elevandoti al di sopra e al di là di tutte le cose che infastidiscono le cosiddette "persone normali".

Non importa cosa ti appassiona, potrai farlo senza alcun problema!

Se vorrai seguire un corso di alcune settimane su un argomento che ti interessa e studiare a tempo pieno, potrai farlo.

Se vorrai andare al mare con i tuoi figli per un fine settimana, potrai farlo.

Non dovrai preoccuparti di prenderti qualche giorno di malattia o di ferie dal lavoro, perché sarai il capo di te stesso.

Il reddito passivo ti permetterà anche di produrre reddito attivo seguendo le tue idee.

Quando il tuo reddito passivo ti permetterà di estinguere tutti i tuoi debiti, potrai anche dedicarti ad un progetto a cui tieni.

Hai forse intenzione di dare una mano in un rifugio per senzatetto dove sicuramente non verrai pagato?

O forse vuoi insegnare qualcosa ai figli del tuo vicino che però non possono permettersi di pagarti?

Qualunque cosa sceglierai di fare, potrai farla perché non dovrai più preoccuparti per il tuo stipendio.

A differenza di un flusso di reddito attivo, il flusso di reddito passivo non si interromperà quando smetterai di lavorare.

Anche se ami la tua carriera e vuoi lavorare 7 giorni su 7, ci sarà un momento in cui dovrai andare in pensione e a quel punto il tuo reddito finirà.

Non importa quanto sei stato prezioso per la tua azienda: se smetterai di lavorare, essa smetterà di pagarti.

Al contrario, il reddito passivo continuerà a generarsi anche senza il tuo intervento.

I soldi continueranno a venire da te anche quando sarai in pensione.

La creatività è il modo più efficace ed efficiente per generare reddito passivo.

Tutto ciò di cui avrai bisogno sarà pensare ad un modo per raggiungere i tuoi obiettivi.

3. Il reddito passivo fornisce stabilità e crescita finanziaria

SE RIUSCIRAI A PRODURRE reddito in modo automatico, non dovrai più preoccuparti di nessuna spesa alla fine della settimana o del mese, non dovrai più scambiare direttamente il tuo tempo in cambio di denaro, e potrai esplorare nuove idee per rafforzare ulteriormente la tua stabilità finanziaria e farla crescere.

Grazie ai tuoi flussi di reddito passivo, avrai il tempo di fare ricerche su argomenti come le azioni, le tasse ed altri investimenti, il che ti aiuterà a schiarirti le idee in campo finanziario e a restare concentrato sui tuoi obiettivi.

A prescindere dalla prospettiva da cui viene considerato, il reddito passivo è sempre fondamentale.

Nonostante ciò, molte persone lo scartano, o perché non lo comprendono o perché pensano che avere un reddito passivo che superi le proprie spese sia un obiettivo irraggiungibile, ma in realtà non è così.

Se credi fermamente di poter ottenere una cosa, prima o poi la otterrai; questo vale sia per quanto riguarda la creazione di entrate passive che per qualsiasi altro obiettivo.

Credici con tutto il cuore, con tutta la mente, con tutto lo spirito, e potrai sicuramente realizzarle i tuoi obiettivi, ma solo se non ti arrenderai.

È più facile concentrarsi sulle proprie finanze quando non si è distratti da altro.

Nella vita incontrerai sempre dei problemi, di tipo finanziario e non: sii preparato ad affrontarli.

Non accontentarti del tuo lavoro di ogni giorno; allenati a riflettere su tutto ciò che potrebbe fornirti maggiore crescita e prosperità a tempo debito.

4. Il reddito passivo ti permette di vivere e lavorare ovunque tu voglia

È FACILE METTERE IN secondo piano il reddito passivo quando si è troppo occupati a prendersi cura della propria vita quotidiana.

Superare questo problema è davvero difficile.

Fissa un obiettivo, rimani concentrato e avanza verso di esso agendo in modo persistente su base giornaliera.

Non tutto il male viene per nuocere; ci vorrà del tempo, ma alla fine ci arriverai.

Tutto dipenderà da quanto desidererai raggiungere il tuo obiettivo e da quanto è importante per te.

Avere un flusso di reddito passivo significa poter viaggiare, visitare la Germania, la Francia, l'America o qualsiasi altro posto senza smettere di lavorare e guadagnare.

Perché non approfittare di un'opportunità del genere se ci sono tutte le possibilità per crearsi entrate passive?

Personalmente, ho una profonda passione per i viaggi.

Se dovessi classificare le cose che amo di più al mondo, nominerai sicuramente i viaggi.

Il problema del viaggio, per la maggior parte delle persone, è che è uno stato passeggero.

Il viaggio è solitamente un momentaneo stato di beatitudine che sembra passare fin troppo velocemente.

Il reddito attivo permette di prendersi solo una o due settimane di ferie dal lavoro, il reddito passivo consente invece di viaggiare davvero per il mondo con la possibilità di lavorare (o meno) in qualsiasi luogo.

5. Il reddito passivo riduce lo stress, l'ansia e l'incertezza sul futuro

IL REDDITO PASSIVO aiuta ad alleviare tutte le preoccupazioni e a mettere a tacere le paure.

Grazie al reddito passivo, non sarai più preoccupato di perdere il lavoro, di essere vittima del ridimensionamento aziendale o di un'imminente crisi finanziaria: in questo modo non solo ti sentirai meglio mentalmente ed emotivamente, ma godrai di maggiore vitalità fisica.

Grazie all'importantissimo slancio finanziario derivante dal reddito passivo, avrai più energia e sarai più motivato ad ottenere di più.

Ogni volta che viviamo nella terribile paura del futuro e immaginiamo possibili scenari negativi, non ci godiamo ciò che abbiamo qui e ora.

Siamo sempre preoccupati per un'imminente crisi finanziaria, e non riusciamo a liberarci dai pensieri negativi; essi ci consumano fino a prendere interamente possesso della nostra vita.

È difficile allontanarci da simili pensieri, soprattutto se non riusciamo a pensare a nient'altro.

Non c'è niente di peggio che essere incapaci di pagare le bollette; ciò provoca ansia, paura e disperazione per il futuro.

Ipotetici scenari negativi iniziano a vagare sulla nostra mente come un falco che vola sopra la sua preda prima di piombare su di essa ed ucciderla.

Essi ci distruggono mentalmente, fisicamente e spiritualmente, abbattendo le nostre speranze e le nostre aspirazioni.

Molte aziende distribuiscono regolarmente somme di denaro (chiamate "dividendi") agli azionisti per attirare gli investitori.

Se desideri trarne vantaggio, tutto ciò che dovrai fare sarà acquistare le singole azioni di quella società o entrare in possesso del fondo comune o del fondo indicizzato che le detiene.

Gli investitori che amano le azioni con dividendi diranno che il loro investimento non solo sta generando reddito, ma sta anche crescendo di valore.

Tieni presente che le azioni che pagano dividendi elevati presentano dei rischi, ovvero possono diminuire di valore come qualsiasi altro titolo.

Non investire mai in azioni con dividendi elevati e simili, pensando di farlo senza alcun rischio.

In che modo è possibile generare reddito passivo?

La creazione di entrate passive consiste nell'investire tempo e/o denaro ricevendo in cambio un reddito senza fare ulteriore lavoro.

Per generare reddito passivo, dovrai impegnarti in anticipo, così da poter fare affidamento su quel reddito in futuro.

L'unico problema è che la maggior parte delle idee per la creazione di entrate passive non sono affatto passive.

Se sei già impegnato con la tua attuale routine, sicuramente non vorrai svolgere un secondo lavoro per il quale non hai tempo da dedicare.

Guadagnare mentre si dorme è il sogno di tutti.

Insomma, chi non vorrebbe guadagnare entrate extra mentre gioca con i propri figli o guarda una partita in tv?

Sono sempre stato affascinato dall'idea di avere un reddito passivo e ultimamente ci ho investito molto.

Non ho solo imparato, ho anche *agito*.

Ho iniziato a lavorare per generare reddito passivo in modo da non dover più scambiare il mio tempo (limitato) in cambio di denaro.

Riesci a immaginare una vita in cui non devi lavorare tutti i giorni?

Invece di dover lavorare perché ne hai bisogno, potresti lavorare (o non lavorare) perché lo vuoi, ma in che modo?

Costruendo delle entrate passive!

Vivere in maniera tradizionale significa:

- Studiare;
- Trovare un buon lavoro;
- Sposarsi;
- Richiedere un prestito per pagare il matrimonio, comprare un'auto,

comprare una casa e dei mobili;
- Lavorare duramente per più di 30 anni al fine di ripagare tutti i debiti accumulati;
- Risparmiare abbastanza per poter fare un viaggio;
- Andare in pensione;

In realtà, esiste un altro modo di vivere completamente diverso da questo.

Ovviamente ognuno di noi è diverso dagli altri; siamo tutti esseri umani diversi uno dall'altro.

Ciò significa che non devi necessariamente vivere in maniera tradizionale.

Sei tu ad avere il controllo della tua vita e di ciò che fai; puoi fare tutto quello che desideri.

Non è stupendo pensare che sei tu il pilota della tua vita?

In questo momento diventare un imprenditore è molto più facile di prima ed è anche a costo zero.

È un processo che prevede di scambiare il proprio tempo in cambio di denaro in fase iniziale, per poi continuare a percepire reddito in modo automatico.

È un'impresa più rischiosa di altre (non per via del denaro, ma per via del tempo necessario per avere successo), tuttavia è anche più gratificante.

Nel 2008, ho creato un forum sui debiti da prestiti studenteschi, senza guadagnare nulla.

Mi ci sono voluti circa 2 anni di attesa per guadagnare i miei primi $ 50.

Ora il sito mi frutta annualmente una somma di denaro da sei cifre; questo è un esempio di reddito passivo.

Mi ci sono voluti 9 anni, ma il tempo che ho speso è stato facilmente ricompensato dalle entrate arrivate successivamente.

Anche se in realtà non esiste nulla di veramente passivo, ci sono numerose opzioni che potrebbero aiutarti a guadagnare reddito passivo per molto tempo.

A tal fine, dovrai lavorare duramente almeno all'inizio e poi impegnarti di tanto in tanto per 5-10 anni (a seconda di quanto e come hai investito).

30 idee per creare ricchezza

1. Creazione di un servizio
2. Marketing di affiliazione (o Affiliate Marketing)
3. Network marketing
4. Design di magliette
5. Vendita di file digitali su Shopify
6. Affitti su Airbnb
7. Autolavaggio
8. Autonoleggio
9. Distributori automatici
10. Affitto di un deposito
11. Lavanderia a gettoni
12. Cashback sulle carte fedeltà
13. Siti di cashback
14. App per il cellulare
15. 20% di risparmio sull'elettricità
16. Dividendi di azioni
17. P2P (peer-to-peer) lending
18. Proprietà per il noleggio
19. Conti di risparmio ad alto rendimento
20. Creazione di CD ladder
21. Rendite
22. Investire automaticamente nel mercato azionario
23. Investire in un REIT (*Real Estate Investment Trust*)
24. Rifinanziare il proprio mutuo
25. Estinguere i propri debiti
26. Investire in un'azienda
27. Vendita di eBook online

28. Creazione di un corso o webinar
29. Vendita di foto stock
30. Licenze musicali

Modi per guadagnare reddito passivo

Guadagna reddito passivo con LendingClub

Se stai cercando un altro modo per guadagnare reddito passivo, potresti pensare a LendingClub, piattaforma di peer-to-peer lending.

LendingClub consente agli investitori di diversificare il proprio patrimonio investendo in diversi tipi di prestiti.

Il tipo di prestito che scegli determinerà il ritorno e l'esposizione al rischio del tuo investimento (ricorda, rischio e ritorno sono correlati).

Tutto quello che devi fare è investire soli $ 50 in un singolo prestito.

Il tuo investimento sarà sicuramente aggiunto a quello di altri investitori, in modo da coprire l'intero importo del prestito.

Nonostante altri potrebbero voler investire di più, con $ 50 avrai più probabilità di ridurre la loro esposizione al rischio.

Investendo solo una piccola quantità di denaro in diversi tipi di prestiti, potrai ridurre il rischio di insolvenza.

Dopo aver effettuato l'investimento iniziale, comincerai a crearti un reddito passivo sui pagamenti effettuati dal mutuatario.

Mentre quest'ultimo continuerà a pagare il prestito, riceverai interessi ogni mese.

Anche se non prevedi di reinvestire il tuo reddito passivo sulla piattaforma, guadagnerai comunque un ritorno sull'investimento.

Tieni presente che i tassi di interesse possono variare e sono determinati da vari fattori tra cui l'affidabilità creditizia del mutuatario e l'importo del prestito.

Nel peer-to-peer lending, sarai tu il mutuante: ciò significa che dovrai raccogliere l'importo del capitale e degli interessi.

Sta a te decidere se incassare o reinvestire i tuoi fondi nei tuoi conti su LendingClub.

Investi in immobili

NON È NECESSARIO INVESTIRE in molte proprietà per garantire un futuro prospero a te e alla tua famiglia.

Un vantaggio degli investimenti nelle proprietà in affitto è il fatto che essi ripagano gradualmente i prestiti.

Se richiedi un prestito per acquistare la proprietà, ogni mese l'affitto del tuo inquilino pagherà una parte di quel prestito.

Una volta che il mutuo sulla proprietà sarà estinto, il tuo flusso di cassa aumenterà notevolmente, consentendo al tuo mediocre investimento di salire alle stelle.

La chiave del successo per quanto riguarda le proprietà in affitto è l'acquisto intelligente.

Non tutte le proprietà garantiscono buoni rendimenti o si dimostrano veramente passive.

Comprendere il potenziale di ogni opportunità immobiliare è incredibilmente importante.

Come dice un vecchio detto, i soldi si fanno quando si compra, non quando si vende!

Inoltre, esistono figure professionali che possono gestire la tua proprietà al posto tuo, richiedendo solitamente il 10% dell'affitto mensile.

Questa gestione professionale rende il tuo investimento molto più passivo, ma riduce un po' il tuo flusso di cassa.

L'investimento nel settore immobiliare rientra maggiormente nella categoria del reddito semipassivo, poiché richiede sempre un minimo intervento attivo.

Tuttavia, una volta sistemata e affittata completamente la proprietà, sarà sufficiente gestirla e mantenerla in buone condizioni.

Lascia che la tua proprietà lavori per te

SONO STATO RECENTEMENTE contattato da un mio amico che dice di aver appena ricevuto il suo primo assegno di reddito passivo e di esserne entusiasta.

È un padre single con due figlie, di cui la più piccola partita recentemente per il college.

Questo mio amico ha sempre sognato di trasferirsi in un altro Paese ma non ha mai avuto abbastanza denaro per viaggiare e sostenere tutte le spese.

Tuttavia, ad un certo punto, si è reso conto di avere due camere da letto vuote da poter affittare a degli ospiti.

Dopo essersi iscritto su Airbnb e aver faticato molto, è riuscito ad affittare ciascuna delle due stanze per $ 50 a notte.

Poiché si trova in una zona della California dove la domanda è molto forte, ha detto che sta valutando la possibilità di trasferirsi da qualche altra parte in modo da poter affittare l'intera casa.

Inoltre, sta guadagnando abbastanza da poter assumere uno dei suoi vicini affinché si occupi delle pulizie: questo sì che è reddito passivo!

Se anche tu desideri guadagnare in questo modo, potresti affittare una stanza della tua casa che è vuota o che non viene usata quasi mai.

Se non ti piace l'idea di avere un ospite a casa, forse questa non è l'opzione adatta a te.

Al contrario, se sei disposto ad ospitare qualcuno per guadagnare entrate extra, questa opzione potrebbe fare proprio al caso tuo.

Ottenere qualche centinaio di euro in più al mese significa ottenere qualche migliaio di euro in più all'anno.

Se continuerai a farlo anche negli anni a venire, sarai in grado di andare in pensione con qualche anno di anticipo.

Assicurati solo che tu e il tuo inquilino firmiate il contratto di locazione in modo che sulla carta appaiano entrambi i vostri nomi.

Vendi con il marketing di affiliazione (o Affiliate Marketing)

IL MARKETING DI AFFILIAZIONE è una forma di lavoro e collaborazione con un'azienda che permette all'affiliato di ricevere una commissione per ogni prodotto venduto.

È un metodo che genera un bel flusso di reddito e funziona molto bene per chi possiede blog e siti web, ma è necessario molto tempo affinché si trasformi in una fonte di reddito completamente passiva.

Se anche tu desideri sfruttare il marketing di affiliazione, hai a tua disposizione numerose opportunità e opzioni tra cui scegliere.

Questa tecnica di reddito passivo è maggiormente adatta per coloro i quali hanno blog e siti web attivi.

Iscriviti ad un programma di affiliazione per promuovere determinati prodotti o servizi sul tuo sito; in cambio riceverai una commissione fissa oppure una percentuale dell'importo delle vendite completate.

Non è così difficile come potrebbe sembrare: nel mondo esistono migliaia di aziende che vogliono vendere i loro prodotti in tutti i luoghi possibili.

Vai alla ricerca di offerte in affiliazione contattando direttamente i fornitori o consultando siti web come ConvertKit e altri.

Promuovi possibilmente prodotti o servizi a cui tu potresti essere molto interessato o che siano pertinenti al tuo sito web.

Scrivi un libro / eBook

MIKE PIPER DI OBLIVOUSINVESTOR .com lo ha fatto: ha scritto un libro, "Investing Made Simple", che è stato venduto solo su Amazon.

Con questo primo libro, Piper ha avuto un discreto successo e poi ha effettivamente iniziato a creare un'intera serie di libri che attualmente gli fruttano ogni anno una somma di denaro a sei cifre.

Se anche tu riuscirai a trovare un editore che ti pagherà i diritti d'autore per la distribuzione e la vendita del libro, otterrai una percentuale su ogni vendita effettuata.

Se il libro diventerà abbastanza popolare, i diritti d'autore potrebbero farti guadagnare molto, anche negli anni a venire.

Scrivere un libro o un eBook richiede molto lavoro.

All'inizio può essere faticoso, ma una volta che l'eBook è stato completato e commercializzato, esso diventerà una fonte di reddito completamente passiva in grado di fornirti un flusso di entrate per diversi anni.

Puoi vendere il tuo eBook sul tuo personale sito web oppure offrirlo in affiliazione ad altri siti web che forniscono contenuti correlati al tuo eBook.

L'autopubblicazione è molto diffusa oggi.

Quando si acquista un eBook su Amazon, ci sono buone probabilità che si tratti di un libro autopubblicato.

Anche l'autopubblicazione è incredibilmente facile: l'ho sperimentata personalmente alcuni anni fa e sono rimasto sorpreso dalla semplicità del processo.

Per autopubblicare un libro devi prima scriverlo ed editarlo, creare una copertina e poi caricarlo su un programma come Kindle di Amazon: si tratta di una pubblicazione diretta.

Non aspettarti che vada tutto a gonfie vele immediatamente: sarà necessario fare molto marketing prima che il libro si trasformi in un flusso costante di reddito passivo.

Ottieni cashback sulle carte di credito

CI SONO CARTE DI CREDITO che offrono cashback (rimborsi in denaro) che vanno dall'1% al 5% dell'importo totale, il che consente comunque di acquistare prodotti.

Questo dà l'opportunità di guadagnare in modo passivo senza fare nulla di diverso dal solito.

Oggi è possibile raccogliere "punti premio" sulle carte di credito per pagare voli di andata e ritorno ed alcune notti in hotel, in modo da soddisfare così il proprio desiderio di viaggiare.

In alternativa, è possibile pagare o ridurre il proprio debito utilizzando carte di credito per il trasferimento di equilibrio dello 0%.

Attualmente esistono carte di credito che offrono 15 mesi allo 0% senza commissioni, il che fornisce potenzialmente più di un anno di tempo per saldare il debito.

Se hai debiti sulle carte di credito e simili, considera l'opzione di consolidarli con un prestito personale: questa è l'alternativa migliore quando non riesci a saldare il debito in un anno, ma vuoi abbassare i tuoi interessi.

Ciò consente anche di confrontare le opzioni di prestito personale.

Se hai debiti per prestiti studenteschi, potrebbe avere molto senso rifinanziarli.

I lettori del mio sito, ottengono fino a $ 1.000 di bonus.

Ci sono due approcci che puoi adottare: consolidare il debito oppure trasferire l'equilibrio e pagare.

L'aspetto migliore dell'estinzione di un debito è che si tratta di un ritorno diretto.

Se hai una carta di credito con un interesse del 10%, saldando tutti i tuoi debiti otterrai un 10% di ritorno, che è una cifra enorme!

Proprio come per il rifinanziamento di un mutuo, se riuscirai a saldare e ridurre il debito farai enormi progressi nella costruzione del reddito.

Tuttavia, tutto ciò richiede un certo investimento iniziale.

Lascia che le tue foto lavorino sul web per te

TI PIACE LA FOTOGRAFIA?

In tal caso, potresti trasformare questa tua passione in una fonte di reddito passivo.

Shutterstock, unsplash e pixel sono siti web dove puoi vendere le tue foto e ricevere in cambio una percentuale o una commissione fissa per ogni foto venduta ai clienti del sito.

iStockPhoto è un'altra piattaforma simile.

Tutto ciò che devi fare per ricavare un buon reddito passivo è caricare qualche centinaio di foto: ognuna di esse rappresenta un singolo flusso di cassa poiché può essere venduta più e più volte.

Dovrai semplicemente creare il tuo portfolio fotografico e metterlo su una o più piattaforme apposite: in questo modo l'attività diventerà completamente passiva.

Tutte le procedure tecniche della vendita di foto vengono gestite tramite la piattaforma web.

Crea video su YouTube

QUESTA È UN'ATTIVITÀ che sta crescendo rapidamente.

È possibile creare video praticamente su qualsiasi argomento, ad esempio la matematica, i tutorial, le opinioni, la musica, le recensioni di film.

Crea dei video su ciò che ti interessa maggiormente e associali a Google AdSense; questo servizio provvederà ad aggiungere ai tuoi video annunci automatici.

Quando gli spettatori cliccheranno sugli annunci, guadagnerai una commissione da AdSense.

Pensi di non poter avere successo con YouTube? Certo che puoi!

Il trucco è creare video avvincenti, promuoverli sui social media e crearne abbastanza da poter guadagnare da più fonti.

La creazione di un video richiede un certo lavoro ma, una volta terminato e caricato il video, esso potrebbe trasformarsi in un flusso di cassa completamente passivo per molto tempo.

Prova i fondi indicizzati

I FONDI INDICIZZATI offrono un sistema completamente passivo per investire nel mercato azionario.

Inoltre, ognuno è libero di scegliere un fondo basato su qualsiasi indice di cui ha bisogno.

Ci sono fondi indicizzati per quasi tutti i settori di mercato: energia, metalli preziosi, attività bancarie, mercati emergenti, ecc.

Tutto quello che dovrai fare sarà decidere di voler partecipare, quindi contribuire con i tuoi soldi, sederti e rilassarti: il tuo portafoglio azionario sarà il tuo pilota automatico.

Ad esempio, se investi denaro in un fondo indicizzato basato sull'indice S&P 500, investirai nel mercato generale senza dover intervenire nella scelta degli investimenti, ribilanciare il tuo portafoglio o sapere quando vendere o quando acquistare singole società.

Tutto ciò sarà gestito dal fondo che baserà il portafoglio sulla composizione dell'indice.

Diventa fonte di referral

NON TRASCURARE I PROGRAMMI di referral.

Con il termine “referral” si indicano le segnalazioni di persone che, conoscendo l’azienda produttrice, suggeriscono a terzi di rivolgersi alla stessa per la qualità dei suoi prodotti e servizi.

Se la tua azienda offre un bonus di referral per i nuovi dipendenti o clienti, approfittane!

Si tratta, in sostanza, di denaro guadagnato facilmente e senza lavorare.

Contabili, paesaggisti, elettricisti, idraulici, imprese di servizi di pulizia (l'elenco potrebbe continuare): tieni un elenco di tutti questi business e sii pronto a indirizzarli alla tua famiglia, ai tuoi amici e ai tuoi colleghi.

In questo modo, guadagnerai una commissione su ogni referral semplicemente parlando con le persone.

Ogni piccola impresa ha bisogno di fonti di referral per mantenere un certo volume di vendite.

Scegli le imprese a cui ti rivolgi regolarmente e che senti di poter consigliare senza riserve, quindi contatta i proprietari per scoprire se offrono programmi di referral.

Acquista un blog

ACQUISTANDO UN BLOG e poi rinvigorendolo con nuovi contenuti, potresti essere in grado di aumentare le entrate mensili e poi rivenderlo in un secondo momento ad un costo sostanzialmente maggiore rispetto a quello per cui l’hai pagato.

Potresti anche acquistare il sito per meno di 24 mesi di guadagni, se il proprietario del sito è particolarmente ansioso di attivarlo.

Alcuni siti hanno ottimi contenuti “sempreverdi” che continuano a generare entrate anche a distanza di anni dall’ultima volta che il sito è stato attivo.

Da un punto di vista finanziario, i blog di solito vendono per l’equivalente di 24 volte il loro reddito mensile.

Quindi, se il sito genera un reddito mensile di € 250, puoi probabilmente permetterti di acquistarlo per non più di € 3.000, il che significa che un investimento di € 3.000 ti farà guadagnare un flusso di cassa annuale del valore di € 1.500.

La maggior parte dei blog utilizza Google AdSense, che fornisce un flusso di entrate mensili basato sugli annunci che Google inserisce sul sito.

Inoltre, il sito potrebbe far parte di programmi di affiliazione che generano entrate extra.

Entrambe queste fonti di reddito (Google AdSense e i programmi di affiliazione) saranno tue una volta acquistato il blog.

Migliaia di blog vengono creati ogni anno e migliaia di essi vengono completamente abbandonati dai loro proprietari poco tempo dopo.

Se riuscirai ad acquistare un blog con una quantità ragionevole di traffico e di flusso di cassa, avrai trovato la fonte perfetta di reddito passivo.

Invece di acquistare un blog, potresti anche crearne uno tu: sarà comunque una fonte di reddito!

Acquista azioni ad alto dividendo

PER ACQUISTARE QUESTE azioni, avrai bisogno innanzitutto di un conto di intermediazione.

In questo modo, potrai guadagnare reddito passivo da due fonti: dividendi e plusvalenze.

Inoltre, per quanto riguarda le azioni ad alto dividendo, c'è sempre la possibilità di un apprezzamento del capitale.

Costruendo un portafoglio di azioni ad alto dividendo, potrai creare reddito passivo regolarmente a un tasso annuo molto più alto di quello sugli investimenti bancari.

In altre parole, questa è l'opzione migliore per investire in azioni con dividendi.

Puoi costruire, ad esempio, un portafoglio di 40 azioni e attendere che i tuoi investimenti vengano allocati automaticamente all'intero del portafoglio con tutti i depositi GRATUITAMENTE!

Puoi anche reinvestire i tuoi dividendi.

Non è fantastico?

Un'ottima piattaforma dove investire è M1 Finance.

Se non ne hai mai sentito parlare, si tratta di una piattaforma di investimento GRATUITA che consente di creare un portafoglio e di investire in esso gratuitamente.

Per ognuna di queste opportunità, assicurati di aprire un conto presso la migliore società di intermediazione online e di trarne il massimo vantaggio.

Le azioni con dividendi sono già state testate, dimostrandosi il modo migliore per guadagnare reddito passivo.

Naturalmente, per trovare buone azioni e ottenere dividendi ingenti, dovrai fare molte ricerche e investire una notevole quantità di denaro.

In ogni caso, se investirai costantemente denaro in azioni con dividendi, potrai ottenere un buon reddito passivo.

CD ladder

SE COSTRUIRE UN CD ladder suona difficile e complicato, puoi anche attenerti al tradizionale conto di risparmio ad alto rendimento o al conto di mercato monetario.

Anche se i ritorni non sono eccellenti come quelli elencati qui di seguito, sono comunque meglio di niente e si tratta sempre di reddito passivo!

Costruire un CD ladder richiede l'acquisto di CD (certificati di deposito) dalle banche secondo determinati incrementi, in modo da poter ottenere un ritorno maggiore sul proprio denaro.

I CD sono offerti dalle banche, ma poiché sono un investimento a basso rischio producono anche un basso rendimento.

Questa è una buona opzione da valutare per coloro che temono il rischio.

Ad esempio, cosa faresti se volessi un CD ladder di 5 anni? Guarda come aumentano le percentuali all'aumentare degli anni:

- CD di 1 anno - 2,50%
- CD di 2 anni - 2,90%
- CD di 3 anni - 3,05%
- CD di 4 anni - 3,10%
- CD di 5 anni - 3,15%

Conti di risparmio ad alto rendimento e conti di mercato monetario

SE DESIDERI CONOSCERE i tassi più aggiornati sui conti di risparmio e sui conti di mercato monetario, controlla questi elenchi che vengono aggiornati quotidianamente:

- I migliori conti di risparmio ad alto rendimento
- I migliori conti di mercato monetario
- Le migliori offerte bonus per conti bancari

I tassi di interesse sono aumentati, quindi investire più denaro in un conto di risparmio può generare un flusso di reddito passivo sicuro.

La differenza sta nel tipo di conto e nella sua collocazione.

In genere, i conti di risparmio ad alto rendimento si trovano presso le banche, mentre i conti di mercato monetario possono essere collocati sia presso le banche sia presso le società di investimento.

Se hai bisogno che il tuo denaro lavori per te, mettilo in un conto di risparmio ad alto rendimento o in un conto di mercato monetario.

Rendite

QUESTI INVESTIMENTI non sono per tutti in quanto implicano l'utilizzo di capitali elevati e per alcuni non ne vale nemmeno la pena.

Tuttavia, se hai una tolleranza al rischio prossima allo zero e stai cercando un flusso di reddito passivo, questa potrebbe essere l'idea migliore per il tuo portafoglio.

Le rendite rappresentano un prodotto assicurativo per il quale bisogna pagare ricevendo in cambio un reddito passivo a vita sotto forma di pagamenti mensili.

I termini e le condizioni riguardanti le rendite variano e non sono sempre favorevoli, quindi se sei interessato ad un acquisto del genere faresti meglio a consultare prima il tuo consulente finanziario di fiducia.

Design di magliette

QUESTO BUSINESS È MOLTO diffuso su Amazon.

Il sito dispone infatti di un nuovo servizio, Amazon Merch, dove è possibile caricare i propri progetti di design in modo tale che poi Amazon si occupa del resto (realizzare le magliette, imballarle e spedirle).

Siti come CafePress consentono agli utenti di personalizzare articoli di design come le magliette.

Se il tuo design diventerà popolare e realizzerà le vendite di cui avrai bisogno, sarai in grado di guadagnare i diritti d'autore.

Autolavaggio

PER AVVIARE QUESTO business, è sufficiente un'idropulitrice a gettoni.

Personalmente ho sempre sognato di gestire un autolavaggio: sebbene esso richieda una manutenzione regolare, è un ottimo modo per guadagnare un reddito semipassivo.

7 miti da sfatare sul reddito passivo

1. Per iniziare a guadagnare reddito passivo, dovrai investire molto denaro.

Facendo il lavoro necessario per sfruttare le tue risorse finanziarie limitate in modo saggio, riuscirai a generare un grande ritorno sull'investimento iniziale.

Di conseguenza, avere dei risparmi da dedicare allo sviluppo del proprio blog o della propria idea di business è sicuramente vantaggioso.

In sostanza, ciò che conta maggiormente è la disponibilità a dedicare del tempo alla ricerca della propria idea di mercato e dell'opportunità di investimento.

Numerose persone pensano di aver bisogno di molto denaro per iniziare a guadagnare in modo passivo, sia che si tratti di investimento nel mercato azionario sia che si tratti dell'avvio di una piccola attività online, ma questo non è un dato di fatto.

È possibile iniziare a investire nel mercato azionario a partire da € 500.

E per coloro che stanno cercando di avviare il proprio blog, il web hosting è spesso disponibile a meno di € 10 al mese.

2. Tutto ciò di cui hai bisogno sono buone idee.

NON AVER PAURA DI CONTATTARE altri proprietari di blog di successo: in questo modo creerai del traffico attorno al tuo marchio.

Più cercherai di far conoscere il tuo nome, più sarà facile per il pubblico giusto trovare il tuo sito.

Per assicurarti che i tuoi clienti siano fonti di reddito passivo, dovrai metterci impegno.

Un sito web da solo non è sufficiente per trovare potenziali clienti: dovrai anche fare del "marketing funnel" ed utilizzare i social media, le mailing list, la SEO, le campagne pay-per-click e persino la partecipazione ai gruppi e ai forum del settore.

Anche quando avrai fatto le tue ricerche di marketing e saprai di aver creato qualcosa da cui le persone sono attratte, non significa che queste ultime riusciranno a trovare il tuo blog o prodotto da sole.

Per attirare potenziali clienti, non basta creare il prodotto: è necessario fare molto di più!

3. Per guadagnare abbastanza, dovrai necessariamente sviluppare un business.

INCREMENTARE COSTANTEMENTE i propri conti bancari potrebbe far crescere significativamente il proprio business.

Risparmiare un po' di denaro ogni mese farà una grande differenza nel lungo termine.

Sebbene far crescere tali conti potrebbe non sembrare redditizio come sviluppare una nuova entusiasmante idea di business, è comunque una soluzione a rischio molto più basso per coloro i quali sperano di avere abbastanza denaro per finanziare i loro progetti futuri.

La maggior parte degli investitori concorda sul fatto che un ritorno annuale del 5% sull'investimento in un fondo pensione sia quanto di più realistico ci si possa aspettare.

Leggendo del materiale informativo sul reddito passivo, è facile lasciarsi prendere dall'idea di dover necessariamente diventare un imprenditore o acquistare una proprietà, ma tutto ciò non è strettamente necessario.

Molte persone generano tutto il reddito passivo di cui hanno bisogno semplicemente investendo denaro nei loro conti di risparmio e in fondi pensione.

4. La forma più sicura di reddito passivo è il settore immobiliare.

LA GESTIONE DELLE SPESE rende anche i suggerimenti "di base" sulle finanze personali (ad esempio saldare il debito della carta di credito e massimizzare i contributi del fondo pensionistico individuale) l'opzione migliore per la stabilità finanziaria a lungo termine.

Vendere una proprietà piuttosto che tentare di gestirla è in definitiva una soluzione più sicura (e più facile).

La gestione di proprietà e altri investimenti immobiliari raramente generano i ritorni sugli investimenti desiderati.

Infatti, un'infografica dell'agenzia immobiliare Max Cash Home Offers riporta che, in uno studio condotto dall'azienda, un terzo di tutti i gestori di proprietà ha ammesso che "non avrebbe riacquistato nuovamente tali proprietà".

In realtà, una gestione immobiliare di successo non è mai veramente "passiva".

Le riparazioni e i miglioramenti delle proprietà, la gestione dei cattivi inquilini e altre spese impreviste sono sorprendentemente comuni e consumano il reddito che si spera di generare con i propri sforzi.

Per via dei valori immobiliari in rapido aumento in tutto il Paese, molte persone riconoscono sempre di più l'idea che la gestione di proprietà e l'house flipping siano i metodi più semplici per generare reddito passivo.

5. Tutto ciò di cui hai bisogno è una solida fonte di reddito.

COME PER GLI INVESTIMENTI nel mercato azionario, faresti meglio a diversificare le tue fonti di reddito, soprattutto se hai intenzione di lasciare il tuo lavoro attuale.

Un aspetto da considerare riguardante il reddito passivo è che puoi generare tutto il reddito di cui hai bisogno con un'unica fonte di denaro.

È un po' come investire in un'unica società: se quel titolo azionario funziona diventerai ricco, ma se i suoi prezzi si abbassano potresti ritrovarti praticamente al verde.

Ad esempio, i blog con traffico relativamente basso utilizzano di tutto per generare entrate extra: dai link di affiliazione alla vendita dei propri prodotti fino ai corsi online e alle pubblicazioni freelance.

Diversificando i tuoi flussi di cassa, avrai una maggiore probabilità di guadagnare abbastanza per supportare le tue esigenze.

6. Per iniziare è sufficiente un fine settimana.

INUTILE DIRE CHE PROBABILMENTE non sarai in grado di fare tutto in un solo fine settimana.

Sii disposto a prenderti del tempo per scoprire le opzioni, le opportunità e le sfide specifiche legate alla tua idea e impegnati al massimo.

Questa non è una competizione, il che significa che la qualità vincerà sempre sulla velocità.

Come afferma R.L. Adams, i blogger devono trovare la nicchia giusta, scegliere una piattaforma di web hosting e acquistare un dominio.

Dopodiché, devono apprendere il browser caching, la SEO, senza dimenticare di postare contenuti e immagini di qualità.

Alcuni pensano che chiunque possa creare un blog o un'altra fonte di reddito passivo in un solo fine settimana.

In realtà, generare una fonte di entrate che fornisca risultati duraturi richiede molte ricerche e molto lavoro prima ancora di poter guadagnare un solo centesimo.

Anche qualcosa di semplice come avviare un blog richiede una ricerca e una pianificazione approfondita.

7. Dopo aver creato i tuoi flussi di entrate, potrai abbandonarli a sè stessi.

SE NON STAI FACENDO la tua parte per rimanere al passo con i cambiamenti del settore, le aspettative dei clienti ed altre responsabilità legate a qualsiasi attività "attiva", il tuo reddito passivo si esaurirà facilmente.

Se decidi di delegare le tue responsabilità ad altre persone, dovrai controllare e assicurarti che le attività vengano eseguite secondo i tuoi standard.

Probabilmente dovrai anche revitalizzare continuamente la tua idea.

A tutti piace pensare di non dover fare alcun lavoro extra dopo aver creato un blog o un negozio online, ma la vita reale non è mai così semplice.

I visitatori di un blog si aspettano nuovi contenuti regolarmente; coloro che si iscrivono a un corso online si aspettano un supporto personalizzato quando incontrano determinati problemi.

Internet stesso è in continua evoluzione.

Questo è forse l'aspetto più pericoloso del reddito passivo che necessita quindi di una presenza attiva.

Sia che tu stia provando a rafforzare la tua attività, sia che tu stia cercando un modo per finanziare la tua pensione, evitare queste insidie e queste idee sbagliate ti aiuterà a raggiungere i tuoi obiettivi.

Perseguire un'idea di reddito passivo non è sempre così facile, ma comunque è tutt'altro che impossibile.

Con un po' di pratica, riuscirai a creare reddito passivo nel modo giusto.

Il successo è più vicino di quanto pensi!

Se sei seriamente intenzionato a utilizzare il reddito passivo per aumentare la qualità della tua vita, non puoi permetterti di fallire.

Tuttavia, generare reddito passivo non è un processo così semplice o diretto come fanno credere alcune delle persone più ricche al mondo.

Generare un flusso di cassa costante richiede una buona quantità di lavoro ma soprattutto tempo e investimenti da dedicare alle aree giuste.

È questo l'unico modo per poter abbandonare la routine quotidiana del lavoro a tempo pieno, perseguire i propri sogni imprenditoriali o viaggiare per il mondo.

5 strumenti necessari per costruire reddito passivo

1. Investire in immobili finanziati tramite crowdfunding

Il settore immobiliare è un'interessante attività alternativa alle azioni e alle obbligazioni.

In genere, è caratterizzato da una volatilità inferiore rispetto ad altre fonti di reddito.

Inoltre, offre una copertura contro l'inflazione, poiché le proprietà occupate dagli inquilini generano un flusso di cassa che aumenta con l'inflazione e ammortizza i crolli del mercato.

Storicamente, gli investitori avevano bisogno di € 50.000 o € 100.000 e di un contatto interno per entrare nel "gioco d'azzardo" degli investimenti immobiliari.

Oggi, grazie al crowdfunding, gli investitori che hanno accumulato un minimo di € 5.000 ed un ampio segmento di pubblico, possono accedere ad affari di qualità che non erano disponibili in passato.

Se stai cercando un investimento che offra un'esperienza impeccabile, il crowdfunding immobiliare è lo strumento che fa per te.

Aziende come RealtyMogul collegano gli investitori alle opportunità di investimento online sottraendoli al fastidio di trattare con grandi banche o con istituzioni finanziarie.

Le attività online richiedono tutti i livelli di abilità, dal livello dei principianti a quello degli investitori veterani.

In pochi clic, gli investitori possono effettivamente accedere alle migliori offerte immobiliari.

2. Peer-to-peer lending.

IL PEER-TO-PEER LENDING è un metodo semplice, facile e diretto che offre ritorni elevati.

Fai la scelta giusta e il tuo investimento si occuperà di tutto il resto.

Con l'aiuto di siti web come Prosper e LendingClub, è possibile genere ritorni a partire da prestiti di denaro ad altre persone.

È un'opzione vantaggiosa per entrambe le parti, perché gli investitori che forniscono capitale in cambio di interessi e i mutuatari hanno accesso al capitale senza il fastidio di doversi rivolgere alle grandi istituzioni finanziarie.

Il crowdfunding è più di una tendenza: è una manovra, un modo per far crescere il proprio reddito passivo.

Nel 2019 sono stati registrati più di 2000 siti di crowdfunding in tutto il mondo.

Lend Academy ha previsto che le piattaforme si unissero e maturassero nel 2019, con il risultato di un migliore servizio di sicurezza e di una migliore combinazione di prodotti.

3. Affittare o noleggiare le proprie cose.

LE OPPORTUNITÀ PER costruire reddito passivo attendono solo te!

Con gli strumenti giusti ed un forte desiderio di ricchezza che ti spinga a fare un po' di lavoro iniziale, realizzerai un flusso costante di profitti automatizzati.

Se per esempio possiedi qualcosa che non usi più, perché non provare a guadagnarci qualcosa?

I servizi di noleggio consentono di decidere cosa, dove, quando e come.

La maggior parte delle piattaforme di noleggio già consolidate offre protezione o piani assicurativi per entrambe le parti coinvolte.

Come vedi, anche noleggiare le proprie cose è facile e conveniente allo stesso tempo: il tuo business lavora per te e tu ci guadagni.

Un servizio popolare come Airbnb ti permette per esempio di affittare la tua casa ogni volta che ti è possibile.

In realtà, non devi necessariamente affittare cose grandi come la tua casa: puoi anche affittare un'area per il parcheggio oppure noleggiare qualche oggetto che possiedi e che non usi spesso.

Non devi per forza investire per aumentare il tuo reddito passivo: puoi iniziare con quello che hai già.

In definitiva, sfruttare il noleggio per guadagnare reddito passivo è molto semplice, dal momento che richiede solo di lavorare come freelance con le proprie competenze, una rete Wi-Fi e poche altre cosucce.

4. Assumere un assistente virtuale.

AFFIDARE A QUALCUN altro le proprie attività quotidiane consente di risparmiare tempo a lungo termine e di concentrare tempo ed energie sulla crescita dei propri ricavi.

Non è un sogno: stiamo parlando dell'assistente virtuale!

Gli assistenti virtuali possono fare tutto ciò che non richiede la presenza fisica: pianificare appuntamenti, effettuare telefonate, inviare e-mail, creare ed elaborare fatture, gestire progetti ecc.

Possono anche svolgere compiti che vanno oltre il lavoro amministrativo, ad esempio la ricerca di clienti e altre operazioni aziendali importanti.

Vale sicuramente la pena usare i loro talenti a proprio vantaggio.

Non è necessario essere un grande dirigente aziendale per aver bisogno di un assistente virtuale: anche compiti semplici come archiviare le e-mail e programmare e organizzare i risultati delle proprie iniziative di guadagno richiedono tempo.

Se mentre costruisci il tuo impero di reddito passivo non vuoi sprecare tempo e denaro per la formazione e l'assunzione di un nuovo dipendente, rivolgiti ad un assistente virtuale.

5. Potenziare i propri sistemi

METTERE A PUNTO UN sistema di generazione quotidiana di flussi di cassa che non richieda il tuo intervento quotidiano ti porterà via parecchio tempo, ma quando il sistema comincerà a lavorare da solo ne sarà valsa la pena!

Più sarai organizzato, migliori saranno i tuoi risultati.

Quando i dipendenti, gli appaltatori e gli assistenti lavorano tutti sulla stessa pagina, il passaggio da attivo a passivo risulterà molto più facile.

Le piattaforme di freelancer come Fiverr mantengono le conversazioni aperte, ricercabili e comodamente archiviate in un unico posto.

Queste piattaforme permettono anche di ridurre il disordine tipico delle caselle di posta elettronica.

Strumenti di gestione delle attività come Trello consentono a tutte le persone coinvolte di intervenire attivamente su un determinato progetto.

La collaborazione tra più persone e attività costituisce sempre un enorme vantaggio.

Iniziando con i giusti sistemi organizzativi, massimizzerai il tuo tempo, ridurrai al minimo i tuoi sforzi e trasformerai i tuoi investimenti in generatori di reddito passivo.

Sia che tu gestisca un'azienda, sia che tu detenga qualsiasi tipo di investimento, dovrai essere in grado di gestire il denaro, il tempo, il team, la tecnologia e la comunicazione.

Ricorda però, che niente è facile come sembra e che non esiste un reddito passivo al 100%.

Costruire reddito passivo richiede lavoro e un investimento di tempo in anticipo: solo così potrai far decollare il tuo denaro e far crescere la tua idea mentre mangi, dormi e sogni.

A tal fine, dovrai utilizzare gli strumenti e le strategie giuste assicurandoti che lavorino per te in modo autonomo.

Generando il giusto reddito passivo, aumenterai significativamente le tue probabilità di diventare veramente ricco.

Scalabilità del reddito passivo per aspiranti imprenditori

È facile da scalare?

Dopo aver svolto un lavoro a reddito attivo e aver conosciuto i clienti e i loro problemi, ho pensato che sarebbe stata una buona idea quella di poter offrire soluzioni ad alcuni di questi ultimi e costruire qualcosa che conservi valore nel tempo.

Tuttavia, sto ancora aspettando che le mie vendite e i miei numeri aumentino.

In altre parole, cerco una convalida per il mio modello di business.

Colui che ha inventato Hotshot (un dispositivo che mantiene il caffè caldo in lattina) ha speso 3 milioni di dollari nell'arco di 6 anni per costruire il suo prodotto senza effettuare una singola vendita.

I nuovi imprenditori dovrebbero aspettarsi di guadagnare reddito passivo solo dopo che il loro modello di business si è affermato sul mercato.

Probabilmente alla fine svilupperò anche io buone fonti di reddito passivo.

Spero di ottenere abbastanza traffico sul mio sito web in modo da generare più vendite, ma il processo è lento perché non ho ricevuto entrate dagli affiliati (essi impiegano solitamente da uno a tre mesi per inviare commissioni).

Dopo aver stabilito un flusso di clienti, posso concentrarmi sull'espansione della mia attività in diversi modi: ad esempio, posso creare diversi livelli all'interno del mio servizio, espandermi in diversi settori o assumere personale.

I miei servizi potrebbero facilmente trasformarsi in prodotti o corsi, generando così ulteriore reddito passivo.

Ad esempio, ho notato che i miei clienti hanno difficoltà a definire i loro candidati ideali: in base alle esigenze del cliente, potrei creare un corso di formazione e venderlo sul mio sito web.

Si adatta facilmente?

MIGLIAIA DI PERSONE potrebbero imparare tanto velocemente quanto me, altre no.

Mentre io mi sto occupando di un nuovo cliente, altri potrebbero essere concentrati sull'analisi dei dati.

Anche se dovessi fallire, potrei facilmente riprendermi e sfruttare ciò che ho imparato dai miei precedenti fallimenti avvicinandomi al prossimo potenziale cliente in modo diverso.

D'altra parte, devo comunque attendere che il mio sito web generi entrate dopo aver attirato nuovi clienti.

Bisogna ricordare che le attività che generano reddito attivo possono adattarsi facilmente ai feedback dei clienti, ai cambiamenti del mercato o alle esigenze aziendali.

Al contrario, le attività di reddito passivo, se svolte nel modo sbagliato, possono portare a un percorso in cui si perde solo denaro.

È facile da avviare?

QUANTO TEMPO MI CI vuole per guadagnare i miei primi soldi?

Dopo tre settimane di visite alle aziende della mia zona e invio di proposte a siti web come UpWork, riesco finalmente ad attirare il mio primo cliente e ad utilizzare le mie entrate per ottenerne di più.

Ho acquisito esperienza nel mondo reale interagendo con i miei clienti e ascoltando i loro problemi.

Mentre io sono già sulla strada del successo, forse qualcuno sta ancora lavorando sul proprio sito web per cercare di risolvere un problema relativo alla barra del menu o qualcosa del genere.

È veloce?

PER QUANTO POSSA ESSERE promosso sui social media, un sito web di recente creazione non verrà riconosciuto da Google per almeno tre o sei mesi, quindi non preoccuparti se all'inizio non riesci ad attirare potenziali clienti e perdi feedback diretti.

Non è detto non tu non stia creando i contenuti giusti; magari è solo questione di tempo.

Personalmente dopo tre mesi, sono finalmente riuscito ad attirare qualcuno e a generare delle entrate.

Sto raggiungendo i miei clienti ideali, sto imparando a conoscere i loro problemi e sto cercando i modi per risolverli.

Il reddito passivo da solo non basta

IMMAGINIAMO CHE DUE nuovi imprenditori desiderino avviare un'attività secondaria utilizzando la loro esperienza nell'assunzione di dipendenti.

Il primo imprenditore può ottenere un reddito attivo vendendo servizi di assunzione alle imprese locali.

Il secondo imprenditore punta a opportunità di reddito passivo creando un sito web "di nicchia" con informazioni esclusive sull'attività di assunzione.

Quest'ultimo spera che i visitatori facciano clic sui link dei suoi articoli e acquistino i suoi prodotti; in cambio del suo lavoro, riceve quindi commissioni di affiliazione.

Troppi aspiranti imprenditori cercano entrate passive senza comprendere il potere di perseguire un reddito attivo (o, in altre parole, scambiare il proprio tempo in cambio di denaro).

Un nuovo imprenditore dovrebbe prima perseguire un reddito attivo.

L'idea del reddito passivo guadagnato regolarmente con poco impegno mi affascinava molto quando ho iniziato il mio percorso imprenditoriale.

Ho seguito esperti online che mi hanno illustrato il "percorso perfetto" per il reddito passivo.

Tuttavia, ho passato due anni alla ricerca di questo sfuggente Sacro Graal senza ottenere risultati.

Il reddito passivo è il livello più alto di attività imprenditoriali online.

Lo vogliono tutti, alcuni ce l'hanno ma solo pochi riescono veramente a vivere grazie a questo reddito.

7 verità sul rapporto tra reddito passivo e ricchezza

Cos'è la ricchezza? Posso diventare ricco? Come posso diventare ricco? Devo investire nel mercato azionario?

1 – La ricchezza non ha solo a che fare con il denaro.

SE VUOI INIZIARE A investire in azioni ma non hai il tempo di monitorare il mercato o di condurre tu stesso le operazioni, allora puoi scegliere una piattaforma che gestisca la pianificazione finanziaria al posto tuo.

Piattaforme di questo tipo offrono una varietà di prodotti per ogni tipo di investimento.

Se sei in grado di gestire tu stesso le negoziazioni online e di avere il controllo completo sul tuo portafoglio di investimenti, puoi provare un conto di intermediazione.

Se non hai mai investito, puoi trovare alcune nozioni di base sui blog dedicati all'argomento.

Investi nel tuo benessere, nella tua salute, nella tua mente, nel tuo corpo, nella tua famiglia, nei tuoi amici e nella tua passione.

Ricorda che essere ricco non significa sempre avere molto denaro: significa essere felice di quello che si ha.

2 - La ricchezza va guadagnata, non cade dal cielo.

MOLTO SPESSO, LE PERSONE che sembrano ricche hanno prestiti e saldi negativi sulle carte di credito.

Lasciati guidare da loro, ma non lasciarti scoraggiare da loro.

Non permettere a nessuno di dirti che i tuoi piani finanziari non valgono nulla.

In altre parole, alcune persone vorranno sì vederti avere successo, ma mai più di loro.

La vera ricchezza va guadagnata!

Inoltre, non si tratta sempre di lavorare sodo, ma di lavorare in modo intelligente.

Lascia che il tuo denaro lavori per te; impegnati nelle tue idee e nei tuoi investimenti e non lasciare nulla al caso.

In altre parole, non passare troppo tempo a guardare e invidiare la ricchezza degli altri.

3 - La ricchezza è libertà, ma implica anche maggiori responsabilità.

LA RICCHEZZA OFFRE una grande libertà finanziaria, ma genera anche più necessità e più spese.

In altre parole, maggiore denaro equivale a maggiori problemi.

Tuttavia, se lavorerai sodo, potrai anche goderti i frutti del tuo lavoro.

Spendi ma non essere avido; sappi quando aprire il portafoglio e quando richiuderlo.

Non prendere decisioni finanziarie sciocche solo per soddisfare il tuo desiderio di gratificazione immediata.

Inizia a prendere decisioni finanziarie sagge in grado di avvantaggiarti per il resto della vita.

La ricchezza ha i suoi lati positivi e i suoi lati negativi.

4 - È facile ottenere ricchezza, ma è difficile mantenerla.

CHIUNQUE PUÒ ESSERE fortunato e vincere alla lotteria, ma è probabile che perda tutto il denaro ancora più velocemente.

Per mantenere la propria ricchezza, ci vuole lungimiranza, un piano finanziario solido e un'ottima gestione del denaro.

Non devi cercare di “prevedere il futuro”, ma solo essere consapevole e informato, in modo da non ritrovarti a pensare "Se solo avessi fatto questo quando ero più giovane, se solo avessi saputo meglio cosa fare..."

Fidati di te stesso: se gestire e pianificare le tue finanze non è il tuo forte, non aver paura di rivolgerti a dei professionisti (non sono tutti affamati di profitti).

Se sei interessato a investire in azioni e titoli, cerca un settore in cui tu e i tuoi investimenti possiate essere apprezzati.

Un insegnante una volta mi ha detto che è facile ottenere un bel voto ma è difficile mantenerlo.

5 - La maggior parte della ricchezza viene accumulata nel corso delle generazioni.

AVERE UN REDDITO PASSIVO significa lavorare sodo e sacrificarsi.

Sacrificati tu adesso cosicché i tuoi figli e i tuoi nipoti possano avere una vita migliore.

Anche se non sei stato fortunato durante la tua vita, avrai comunque la possibilità di consentire ai tuoi successori di esserlo, ma questo non vuol dire che coloro che erediteranno ricchezze godranno del loro bottino senza lavorare e senza fare sacrifici.

La maggior parte delle persone e delle famiglie benestanti si trovano dove sono oggi grazie alle ricchezze ereditate e tramandate di generazione in generazione.

Questo, quindi, dà credito all'affermazione "I ricchi diventeranno sempre più ricchi e i poveri saranno sempre più poveri".

È più facile fare soldi quando si hanno già soldi.

Di conseguenza, la ricchezza che vorremmo accumulare nella nostra vita dovrebbe (almeno in parte) derivare dai nostri antenati e comunque, anche in tal caso, non sarebbe interamente a nostro vantaggio.

6 - Non esiste una formula per diventare ricchi.

IL TUO REDDITO DOVRÀ essere sia attivo che passivo.

Il reddito attivo è quello che guadagni esercitando la tua professione ma, nella maggior parte dei casi, non è sufficiente per diventare ricco.

Il reddito passivo, invece, si basa sull'idea di far lavorare i tuoi soldi per te mentre dormi.

Un ottimo modo per farlo è quello di investirli, che si tratti di azioni, titoli o immobili.

La soluzione migliore è guadagnare uno stipendio con il tuo lavoro (reddito attivo) e contemporaneamente ricevere gli affitti della tua proprietà o i dividendi delle azioni in cui investi (reddito passivo).

L'accumulo di ricchezza è una sorta di labirinto.

Ci sono molti modi per generare ricchezza e ciò che funziona per te potrebbe non funzionare per gli altri: non tutti abbiamo le stesse opzioni e le stesse opportunità per cominciare.

Tuttavia, una raccomandazione degli esperti che sembra valere per tutti è la diversificazione: essa si basa sull'idea di "non puntare tutto su una carta sola".

Sebbene il risparmio sia importante per l'accumulo di ricchezza, non è sufficiente.

È necessario disporre di *più* flussi di reddito.

7 - La ricchezza è accessibile a tutti, ma non tutti possono accedervi.

SII AMBIZIOSO E CERCA di accedere alla ricchezza anche a costo di correre dei rischi.

Non aver paura di perdere: è importante credere di poter ottenere ciò che si desidera e anche di più.

Sii proattivo: questo significa cambiare la propria mentalità e il proprio modo di pensare.

Sii ottimista e non limitarti.

Se non immaginerai di avere la casa dei tuoi sogni, è probabile che non la otterrai mai o non ti metterai mai nella posizione per ottenerla.

Ricorda che piccoli sforzi portano a piccoli risultati, quindi pensa come una persona ricca, pensa in grande, pensa al reddito passivo.

Se parti già scoraggiato, allora sei sulla strada sbagliata.

O meglio, è probabile che tu non ti sia nemmeno preoccupato di fare il primo passo.

Per accedere alla ricchezza, dovrai metterti nelle condizioni di ottenerla.

Comincia già da ora, non aspettare, a prescindere se si tratti di spendere meno, risparmiare di più o investire in azioni o altri titoli.

Queste questioni accomunano un po' tutte le persone.

Sfortunatamente, non è facile trovare una soluzione e non ci sono soluzioni giuste o sbagliate.

Tuttavia, un ottimo punto di partenza è quello di scoprire tutte le verità sulla ricchezza.

Prima di iniziare a investire, quindi, è meglio essere informati e fare delle ricerche.

Suggerimenti sul reddito passivo

Proprietà immobiliari

Marketing di affiliazione (Affiliate Marketing)

Video su YouTube

Fotografia

Autonoleggio

15 suggerimenti sulla gestione della proprietà per gli imprenditori che vogliono guadagnare un reddito passivo nel settore immobiliare

1. Apprendi la valutazione dinamica finale e la gestione delle entrate.

Le compagnie aeree e gli hotel utilizzano da anni un modello dinamico di determinazione dei prezzi e di gestione delle entrate.

Qual è il concetto di base?

Assicurarsi che i prezzi si adattino alla domanda e all'offerta.

Impara tutto ciò che c'è da sapere sulla gestione delle entrate con strumenti come HomeAway, MarketMaker o Beyond Pricing: essi ti aiuteranno a valutare la tua casa in modo appropriato e a variare il prezzo in base al mercato.

2. Occupati della manutenzione preventiva.

DOVRAI CREARE UN PIANO di manutenzione preventiva per la tua proprietà e metterlo in pratica diligentemente.

Questa è una pietra miliare per la gestione della proprietà.

Immagina che una caldaia si rompa abbassando drasticamente la temperatura proprio durante una visita da parte di possibili acquirenti: questi molto probabilmente se ne andrebbero via irritati.

Il 95% di questi problemi è prevenibile con una corretta manutenzione della casa.

Non solo eviterai di dover pagare il doppio per le riparazioni, ma eviterai anche di rimborsare tutto o parte dell'affitto all'ospite.

3. Costruisci un solido piano di marketing.

RENDERE LA PROPRIA casa disponibile su Airbnb o su qualsiasi altro sito web dedicato agli affitti di proprietà non significa avere un piano di marketing.

È solo un inizio.

Oggi esistono molti altri canali per affittare la propria casa, ma sono così tanto frequentati che la concorrenza è molto agguerrita.

Se il tuo obiettivo è massimizzare le tue entrate, migliora il tuo annuncio e valuta la possibilità di usare software come myvr per mantenere tutto aggiornato su tutti i siti di annunci.

4. Svolgi più ispezioni.

ANCHE LE PERSONE CON un alto livello di attenzione possono lasciarsi sfuggire alcuni dettagli.

Molte persone dispongono di personale addetto alla manutenzione della casa, ma preferiscono svolgere le ispezioni da sole.

Poiché si tratta di un lavoro incredibilmente difficile e c'è sempre la possibilità di trascurare alcune cose, è preferibile chiamare un ispettore.

Lascia che testi tutti i sistemi prima dell'arrivo degli ospiti: in questo modo ti assicurerai che sarà tutto perfetto.

5. Costruisci un buon rapporto con il tuo team di manutenzione della casa.

DISPORRE DI UN BUON team per la gestione della proprietà immobiliare è fondamentale.

Organizza dei colloqui di lavoro e presta molta attenzione nel trovare le persone giuste.

Se sono sbadate e trascurano i dettagli, i loro errori si rifletteranno su di te: riceverai reclami e recensioni negative e la tua attività ne risentirà drasticamente.

Se invece troverai un buon team, stabilirai le aspettative per iscritto e in modo chiaro fin all'inizio potrai evitare conflitti in futuro.

6. Sii realistico riguardo al prezzo.

UNO DEI PIÙ GRANDI errori che i proprietari di case e talvolta anche i gestori di proprietà commettono è quello di stabilire un prezzo di affitto troppo alto.

Adotta un approccio realistico, svolgi delle ricerche, controlla cosa fanno gli altri e comportati di conseguenza.

Questo lavoro potrebbe essere difficile, ma è anche il giusto trucco per aumentare il tasso di occupazione della proprietà.

Tale suggerimento potrebbe migliorare o peggiorare le tue finanze annuali.

7. Pensa alla tua casa in termini di ospitalità.

SE DECIDI DI AFFITTARE la tua casa, trattala come una sorta di "impresa finalizzata all'ospitalità".

La cura e l'attenzione che la maggior parte degli hotel di pregio ripone nelle proprie strutture e nelle proprie camere non ha paragoni.

Potresti farti aiutare da una società di gestione immobiliare oppure potresti cavartela da solo, ma in questo caso avrai bisogno di un genuino desiderio di accontentare i tuoi ospiti.

Trattali come amici o familiari.

Se tutto ciò ti risulta fastidioso, allora forse si tratta di un lavoro che non fa per te: rischieresti di ricevere recensioni negative e di mandare l'attività in fallimento.

8. Adotta un approccio strategico.

I PERIODI DI PUNTA degli affitti per le vacanze ruotano fondamentalmente attorno ai mesi estivi o invernali, noti come alta stagione, e permettono di raddoppiare, triplicare o addirittura moltiplicare i propri ricavi.

Se deciderai di affittare la tua casa, adotta un approccio strategico.

Non occupare troppo il calendario durante i periodi di punta poiché correrai il rischio di ridurre le possibili entrate.

Al contrario, cerca di attenerti il più possibile alla bassa stagione.

9. Fai un inventario adeguato.

UNO DEI MOTIVI PRINCIPALI per cui le persone viaggiano e alloggiano in gruppo è che possono cucinare e consumare i pasti insieme.

Alcuni dei ricordi migliori degli ospiti riguardano l'aspetto culinario della vacanza, quindi assicurati di non far mancare agli ospiti tutto ciò di cui hanno bisogno.

Rifornisci adeguatamente la cucina così come le altre stanze della casa.

Se hai qualche dubbio, trova una buona società di gestione immobiliare che ti aiuti a identificare cosa manca.

10. Fornisci istruzioni facili da usare.

QUANDO GLI OSPITI VANNO in vacanza e affittano una casa, non vogliono di certo passare tutto il tempo a capire come usarla, quindi rendi le procedure semplici.

Come usare i sistemi A/V?

E per quanto riguarda la TV, l'impianto stereo o la lavanderia?

Rivolgiti ad una società di gestione immobiliare affinché ti aiuti ad esaminare e descrivere tutto nel dettaglio.

Se però deciderai di farlo da solo, sii estremamente accurato e preciso.

11. Valuta diversi gestori di proprietà in anticipo.

CERCA DI CAPIRE COME diverse società di gestione immobiliare affrontano questi tre punti chiave:

- Massimizzare le entrate generate dalla proprietà
- Prendersi cura della casa e assicurare un'esperienza positiva agli ospiti
- Garantire una comunicazione trasparente e onesta con i clienti.

La cosa migliore da fare prima di assumere un gestore di proprietà, in particolare uno che gestisce l'affitto di case vacanze, è assicurarsi di valutare più aziende.

Hanno una sede locale?

Che tipo di reputazione hanno?

Si posizionano in alto nei risultati prodotti dai motori di ricerca come Google quando vuoi individuare una casa nella tua zona?

12. Lavora con un agente immobiliare esperto.

LE CONOSCENZE DEGLI agenti immobiliari riguardo l'affitto di case vacanze sono spesso varie.

Alcuni hanno conoscenze approfondite, altri ne sanno poco o niente.

Sebbene tutti gli agenti immobiliari sono in grado di offrire suggerimenti per la gestione della proprietà a prescindere dalla loro esperienza, è importante lavorare con agenti esperti nel settore, specialmente nella fase iniziale della ricerca, ovvero l'acquisto e la gestione di case destinate ad essere affittate per le vacanze.

13. Crea un piano finanziario.

LE SOCIETÀ DI GESTIONE degli affitti per le vacanze, utilizzano i dati statistici per prevedere con precisione le entrate generate da una casa.

In mancanza di tali dati, dovrai svolgere ricerche intelligenti setacciando vari siti web.

Tuttavia, ciò che troverai non ti permetterà di eseguire una previsione delle entrate veramente accurata e tutto ciò significa che sarai molto lontano dalla conoscenza dei tassi di occupazione effettivi.

Comprendendo al meglio questi aspetti, riuscirai comunque a generare entrate che dipenderanno sostanzialmente da tre fattori chiave:

- La posizione della casa
- Il livello di lusso della casa
- Le sue dimensioni e i suoi servizi.

14. Pianifica di reinvestire nella tua casa.

OGNI VOLTA CHE DARAI in affitto la tua casa per le vacanze, dovrai pianificare di reinvestirci con una parte delle entrate guadagnate nel corso degli anni.

Mantieni la tua casa in condizioni ideali e in perfetto stato per quando la affitterai nuovamente.

Ricorda che più ospiti avrai, più la tua casa, il tuo condominio o appartamento accumulerà una certa usura, specialmente se hai una casa lussuosa e le persone pagano molto per affittarla.

15. Impara a conoscere la tua casa.

SERVIZI COME HOME MANAGER consentono ai proprietari di case e ai gestori di proprietà di monitorare al meglio i sistemi domestici e di occuparsi della manutenzione preventiva.

Le principali società di gestione immobiliare come InvitedHome di Joseph e Tom Feldhusen hanno sviluppato sistemi di gestione della proprietà, ad esempio il software Homecraft.

Se desideri rivolgerti ad un gestore di proprietà, cerca di capire quale tipo di software utilizza per occuparsi della manutenzione della casa.

Ogni volta che acquisti una nuova proprietà, il tuo primo passo dovrebbe essere quello di imparare a conoscere davvero la casa e tutti i sistemi che la compongono.

Ciascun sistema della tua casa avrà un tipo di manutenzione e una durata specifica.

In mancanza di manutenzione o assistenza preventiva, uno di questi sistemi potrebbe guastarsi o causare problemi.

Gestendo la tua proprietà nel modo giusto, non solo otterrai costantemente ottime recensioni e referral, ma guadagnerai anche premi da parte di varie piattaforme come Vacation Rental By Owner, HomeAway, FlipKey e TripAdvisor, i quali hanno spesso degli "indicatori di rendimento".

Joseph e Tom Feldhusen affermano che c'è effettivamente un modo giusto e un modo sbagliato per gestire una proprietà, un condominio o un appartamento.

Sebbene esistano un sacco di ottimi consigli, questi 15 finora elencati sono quelli fondamentali.

Se gestirai la tua casa più come un'impresa di ospitalità, ne trarrai sicuramente maggiori benefici.

Inoltre, gestendo la tua casa su Airbnb, diventerai il capo di tale impresa.

Puoi scegliere di cavartela da solo oppure ispezionare la tua zona alla ricerca di un gestore di proprietà esperto che possa alleviare un po' le tue responsabilità.

Joseph e Tom Feldhusen suggeriscono che solitamente il proprietario di una casa considera solo il 10-30% delle attività di gestione della proprietà.

Tuttavia, gli affitti per le vacanze a breve termine presentano un vantaggio significativo che è possibile sfruttare con un team di gestione della proprietà.

In altre parole, se descrivi una caratteristica che non è realmente disponibile nella casa, non è la fine del mondo.

Tuttavia, se non comunichi l'errore all'ospite e non ti preoccupi di risolverlo appena possibile, potresti beccarti un reclamo.

La comunicazione qui è fondamentale: ogni controversia può essere risolta con la giusta dose di comunicazione e con la volontà di determinare e risolvere ogni problema.

Gestire la proprietà nel modo giusto è tutta una questione di trasparenza, duro lavoro e ottima comunicazione.

Soddisfa le aspettative degli ospiti facendo il possibile per mantenere la comunicazione chiara e aperta.

Ignorando le aspettative degli ospiti ed evitando di comunicare con loro nel modo giusto, rischierai di fallire.

Essere il proprietario di un immobile

Il modo in cui in cui ti comporterai in qualità di proprietario potrebbe contribuire a distinguerti dagli altri in senso positivo o negativo.

Michael Joseph e Tom Feldhusen, co-fondatori di InvitedHome, hanno costruito un piccolo impero immobiliare facendo leva sulla valuta della fiducia e sistematizzando e digitalizzando procedure cruciali nel corso di un intero decennio.

Esistono probabilmente centinaia di suggerimenti per la gestione della proprietà, ma i 15 sopra elencati ti aiuteranno a migliorare notevolmente le tue abilità.

L'obiettivo è gestire da esperto l'intera esperienza.

Non stiamo solo parlando di trovare gli inquilini giusti e di stabilire il giusto prezzo per l'affitto, ma anche di creare un ambiente sano e vivace.

Non cercare di spremere fino all'ultimo centesimo i tuoi ospiti o di farli rimanere il più a lungo possibile; assicurati piuttosto che la casa funzioni bene e che non ti porti al fallimento o alla rovina.

Tra gli aspetti meno ovvi e scontati, vi è il modo di gestire la proprietà.

Il fatto che tu non abbia molto tempo a disposizione rappresenta il problema minore: puoi sempre trovare un buon gestore di proprietà locale che si prenda cura di tutti i dettagli al posto tuo.

Se invece hai tempo e sei appena agli inizi, probabilmente vorrai risparmiare le spese che derivano dal rivolgersi ad una società di gestione della proprietà.

In tal caso, sii pronto ad impegnarti, perché non sarà affatto un'impresa facile.

Gli affitti a breve termine sono in costante aumento e anche gli affitti a lungo termine sono stati a lungo un Sacro Graal.

Il settore immobiliare è uno degli esempi migliori per generare reddito passivo a partire da una risorsa del mondo reale che aumenta di valore nel corso del tempo.

L'aspetto migliore è che, anche se investi il 10% o il 20% in una proprietà, riceverai comunque il 100% degli affitti, il che rappresenta un fantastico bonus rispetto ad altre fonti di reddito.

Gli imprenditori sono ormai ossessionati dall'affitto di proprietà, sia a breve termine che a lungo termine.

L'ascesa di Airbnb e l'impazienza di convertire condomini e case in affitti a breve termine ha dato una svolta al settore immobiliare.

Se stai cercando di entrare in questo mondo, chiedi consiglio ai gestori di proprietà che dominano la corsa agli affitti a breve termine.

Per chi desidera guadagnare nel settore immobiliare, è fondamentale comprendere il principio alla base dell'adeguata gestione di una proprietà.

Non si tratta solo di saper riparare le cose quando si rompono: in quanto proprietario o gestore di una proprietà, sarai costretto ad assumerti numerose responsabilità.

In conclusione, il modo con cui gestisci la tua proprietà migliorerà o peggiorerà le tue possibilità di avere successo.

32 suggerimenti sul marketing di affiliazione o affiliate marketing

1. Sii paziente.

Sappiamo tutti che le cose richiedono tempo, ma seguendo questi suggerimenti individuerai le migliori opzioni per velocizzare le procedure di apprendimento e di implementazione dell'affiliate marketing.

Agisci e continua a imparare, perché non sarà affatto una passeggiata.

Ignora coloro che sottolineano quanto sia veloce guadagnare denaro online: sappi che ci vorrà del tempo.

Certo, a volte capita che le cose accadano velocemente: è questo il fascino degli affari online.

Tuttavia, se oggi crei un sito e inizi a condividere contenuti con il mondo, non aspettarti di sfondare già da domani.

Per avere un impatto forte e guadagnare denaro online, dovrai diffondere il tuo messaggio e costruire relazioni con i clienti.

Cerca di attirare traffico al tuo sito nel più breve tempo possibile in modo da aumentare i clic, le vendite e le commissioni da affiliato.

2. Realizza un prodotto.

IL MARKETING DI AFFILIAZIONE non funziona sempre come ci si aspetta.

Consideriamo ad esempio la creazione di prodotti, che presenta tutta una serie di vantaggi.

Se decidi di creare un prodotto, godrai di un tuo marchio e di tutti i profitti generati da quest'ultimo, e potrai persino realizzare dei programmi di affiliazione per consentire ad altre persone di iscriversi al tuo sito e promuovere i tuoi prodotti.

In realtà, questo non è marketing di affiliazione.

Quando crei il tuo prodotto, rinunci automaticamente ai vantaggi del marketing di affiliazione: ovvero non dover creare il prodotto, non doversi occupare del servizio clienti e altre cose simili.

In ogni caso, se hai in mente un prodotto per il tuo pubblico che non esiste ancora, non attendere oltre: crealo!

3. Testa qualsiasi cosa.

NON BASTA TESTARE LE solite offerte, bisogna testare anche tutto il resto.

Analizza le tue promozioni per capire cosa risponde meglio alle esigenze del tuo pubblico.

Valuta i posizionamenti dei tuoi link, il numero di link all'interno dei post, se funziona meglio il grassetto o il corsivo, se le immagini danno l'effetto sperato, se interrogare il proprietario del prodotto aiuta, se il martedì si guadagna meglio del giovedì per cose come i webinar ecc.

Testa qualsiasi cosa ti venga in mente.

4. Prova anche altre offerte.

IL MARKETING DI AFFILIAZIONE è un processo di apprendimento che passa attraverso diverse azioni, prove ed errori.

Non preoccuparti se all'inizio ci sono molte cose che non funzionano, perché è più probabile che alla fine arriverai a qualcosa che funziona.

Più continuerai ad imparare strada facendo, più avrai probabilità di avere successo.

Valuta le circostanze attuali e prova un'altra offerta mettendo in pratica ciò che hai imparato.

Sbagliare non è la fine del mondo.

Quando penserai che il tuo pubblico reagirà in un modo, rimarrai sorpreso scoprendo che avrà preso la direzione opposta.

La campagna che pensi sarà un successo potrebbe rivelarsi un fallimento.

Immagina da affiliato, di avere un prodotto che desideri promuovere perché pensi sia fantastico e utile per il pubblico.

Imposti la promozione, crei un post epico con il link e con un video e... sorprendentemente non funziona.

Non scoraggiarti, riprovaci!

5. Credi in te stesso.

SE IL TUO PUBBLICO crederà in te e tu stesso crederai nel tuo prodotto e nel tuo pubblico, avrai senz'altro successo.

Al contrario, se avrai motivazioni diverse da quella di cercare di aiutare le persone o dare loro qualcosa di cui hanno bisogno, se vorrai solo guadagnare o fare un favore a un amico che possiede un prodotto, non otterrai affatto un buon rendimento.

6. Concentrati su come aiutare il tuo pubblico e trarne vantaggio.

OGNI VOLTA CHE PARLI di un nuovo prodotto al tuo pubblico, non importa quale piattaforma utilizzi o quali metodi scegli per fornire i tuoi contenuti: concentrati maggiormente sui vantaggi del prodotto per il tuo pubblico.

In altre parole, cosa ci guadagnano i tuoi clienti?

In ogni sezione del tuo blog, nei tuoi video o podcast, non dimenticare mai di ricordare al tuo pubblico in che modo potrà beneficiare del tuo prodotto.

I clienti hanno bisogno di sapere quali sono i vantaggi che otterranno da quel prodotto.

Il marketing di affiliazione è uno strumento che ti permette di ottenere link da siti autorevoli, il che offrirà anche al tuo sito maggiore autorevolezza facendogli scalare i risultati di Google ed ottenere più traffico.

Pensa ad esempio ad un paio di cuffie dotate di un filo piatto che non si aggroviglia: il vantaggio per il cliente sarà evitarsi la frustrazione di dover districare quel maledetto filo ogni volta che prende le cuffie dalla borsa o dalla tasca.

Se hai problemi a descrivere le funzionalità e i vantaggi dei tuoi prodotti, i tuoi clienti si confonderanno.

Non commettere questo errore, apprendi di più a riguardo!

7. Richiedi una pagina di destinazione sul sito del proprietario.

UN'OPZIONE SEMPLICE per aumentare la fiducia del pubblico durante gli acquisti è quella di avere una propria pagina di destinazione personalizzata sul sito dell'azienda.

In altre parole, quando le persone cliccano sul tuo link di affiliazione, vengono indirizzate a una pagina sul sito dell'azienda che contiene alcuni elementi del tuo marchio.

Il grande vantaggio di avere una pagina di destinazione è che favorisce la comunicazione tra te ed il cliente, il quale si accorgerà di te durante la fase di acquisto.

Purtroppo ciò non è sempre possibile, quindi questo è un suggerimento avanzato.

Alcune aziende non sono aperte alla creazione di una pagina di destinazione personalizzata per ogni affiliato oppure concedono questa opportunità solo ai loro affiliati più bravi.

Nella maggior parte dei casi, la vendita effettiva di un articolo affiliato avviene sul sito web dell'azienda proprietaria del prodotto.

Potrai garantire al tuo pubblico un'esperienza di acquisto positiva, ma lo starai comunque indirizzando nel "territorio" di un'altra azienda su cui non hai alcun controllo.

In alcuni casi, potresti essere in grado di gestire il processo di acquisto sul tuo sito personale, ma ciò richiederà il consenso dell'azienda, insieme a molte altre conoscenze tecniche su come farlo.

Sfortunatamente, è molto complicato gestire le vendite sul proprio sito, quindi se vuoi guadagnare dovrai essere disposto a inviare le persone al sito dell'azienda.

8. Offri offerte speciali al pubblico.

PERSONALMENTE, HO REALIZZATO offerte speciali su diversi prodotti con ConvertKit (piattaforma per l'e-mail marketing) e ogni volta ho portato le vendite in affiliazione alle stelle.

Scegli se stabilire un'offerta a tempo limitato oppure duratura.

Questo è il passaggio successivo per costruire una relazione con il proprietario del prodotto che stai promuovendo: se riuscirai a negoziare un accordo speciale con lui, darai al tuo pubblico un valore ancora migliore e un motivo in più per acquistare presso di te.

Ad esempio, potresti anche chiedere al proprietario del prodotto di averlo come ospite nel tuo podcast.

Qual è la cosa peggiore che potrebbe succedere?

Che ti dica di no, tutto qui.

9. Crea il giusto rapporto con il proprietario del prodotto.

IL VANTAGGIO DI COSTRUIRE un rapporto con il proprietario del prodotto sta nel fatto di poter negoziare o addirittura aumentare le commissioni.

Io ho un ottimo rapporto con il team di ConvertKit.

Coltivando questa relazione, ho avuto la possibilità di parlare ad un loro evento e mi è stato concesso di offrire un periodo di prova gratuito più lungo che il mio pubblico sembra davvero apprezzare.

Partecipo anche alle riunioni nei loro uffici, non solo per conoscerli, ma anche per saperne di più sui nuovi prodotti in arrivo che mi occuperò di promuovere e che potrebbero essere utili e vincenti sia per me che per loro.

Tutto ciò mi permette di aiutare il mio pubblico e anche di semplificarmi la vita, ad esempio attraverso la creazione di pagine di destinazione personalizzate.

Per aumentare le vendite, dovrai creare un rapporto di fiducia tra il pubblico e il proprietario del prodotto.

In secondo luogo, mostrando che hai stabilito una relazione con il proprietario del prodotto, aiuterai il pubblico a fidarsi ancora di più di te e dei tuoi consigli.

Avrai ancora più familiarità con il prodotto e con le persone che ci sono dietro di esso, e tutto ciò permetterà al pubblico di sentirsi a proprio agio con l'acquisto.

Chiedi al proprietario del prodotto se puoi fargli alcune domande su di esso e poi pubblica le risposte in un post o in un podcast sul tuo blog.

Se riuscirai perfino ad averlo come ospite in un video e ad ottenere da lui contenuti di valore, la promozione del prodotto risulterà ancora più efficace.

10. Recensisci e confronta diversi prodotti dello stesso tipo.

UN'ALTRA STRATEGIA è quella di confrontare diversi prodotti dello stesso tipo.

Alle persone piace fare shopping online: lo trovano comodo e conveniente.

Invece di costringere i clienti a setacciare tutto il web, tienili incollati al tuo sito fornendo una recensione di tutti i diversi prodotti presenti nella stessa sezione.

Confrontali e contrapponili, fornisci dei consigli, assicurati che ci sia link di affiliazione.

Se avrai fatto un ottimo lavoro per aumentare la fiducia del pubblico, anche gli acquisti aumenteranno notevolmente.

Scrivi un post efficace, realizza un video oppure delle offerte speciali solo per il tuo pubblico.

11. Promuovi i tuoi prodotti indirettamente sui siti di altre persone.

ANCHE IN QUESTO CASO, il collegamento indiretto è tuo amico.

Se sarai intervistato per il blog di un'altra persona o ti verrà chiesto di scrivere un post per gli ospiti, potrai ricollegarti a un contenuto presente sul tuo sito che conterrà il tuo link di affiliazione.

Per quanto riguarda i social media e le e-mail, evita di tempestare le persone con i tuoi link più e più volte.

Attenzione: se cercherai di collegarti direttamente ad un prodotto affiliato tramite il sito di qualcun altro, probabilmente te lo impediranno.

12. Promuovi i tuoi prodotti indirettamente tramite le mailing list.

LE MAILING LIST DOVREBBERO avere come obiettivo quello di fornire alle persone il maggior numero possibile di contenuti di alto valore, non quello di aumentare le vendite.

In effetti, alcuni programmi di affiliazione come Craigslist non consentono nemmeno di includere i link di affiliazione nelle e-mail.

Dovrai prenderti cura della tua mailing list e non essere troppo aggressivo con i tuoi destinatari.

La promozione indiretta è il modo migliore per aumentare la fiducia del pubblico.

Promuovi la tua mailing list sui social media, ma non promuovere i prodotti nelle e-mail: mettici solo collegamenti che rimandano ad altri contenuti, per esempio al tuo blog, ai tuoi podcast, video, webinar e simili.

La mailing list è parte integrante di qualsiasi campagna di marketing di affiliazione: se non ne hai una, inizia a crearla già da oggi!

Le mailing list sono un potente strumento di marketing.

13. Organizza un giveaway per trarre vantaggio dalla "social proof"

LA "SOCIAL PROOF" È l'idea secondo cui le persone gravitano naturalmente attorno a ciò che fa la massa.

Ad esempio, se al centro commerciale c'è una grande folla che si raccoglie intorno a un negozio, tutti vogliono sapere cosa sta succedendo e per qualche motivo.

Lo stesso accade sul web.

In passato ho utilizzato i giveaway (ovvero i concorsi a premi) per promuovere diversi prodotti ed ho ottenuto un grande successo.

Se hai intenzione di promuovere un prodotto come affiliato, collabora con il proprietario per ottenere alcune copie da distribuire gratuitamente al pubblico oppure a un prezzo scontato per un periodo di tempo limitato.

Potrebbe non essere sempre possibile, ma chiedilo ugualmente per vedere cosa succede.

Promuovi i tuoi link di affiliazione in un post sul tuo blog, recensisci il prodotto o magari menzionalo semplicemente alla fine di uno dei tuoi post quotidiani.

Poi offri due o tre copie gratuite del prodotto: per vincere una copia, i tuoi clienti dovranno lasciare un commento su come vorrebbero utilizzare il prodotto e sul perché potrebbero trovarlo utile.

Potresti iniziare a seguire coloro che lasciano un commento sotto il post ma non vincono, offrire loro qualcosa a tempo limitato o inviare un'e-mail che li ringrazia per l'iscrizione e offre ancora una volta il link di affiliazione.

Il vantaggio qui, è che ci sono tantissime persone che lasciano commenti e che contribuiscono alla "social proof" aumentando la popolarità del prodotto.

Ciò significa che i tuoi stessi clienti ti aiuteranno a condurre la tua campagna di marketing attraverso "mi piace" e commenti.

Nel campo del marketing di affiliazione, non c'è niente di più potente della raccomandazione e della testimonianza degli altri clienti.

14. Promuovi i tuoi prodotti indirettamente sui social media.

UNA DELLE REGOLE PIÙ importanti del marketing online è stata a lungo la seguente: meno "porte" si devono attraversare prima di poter cliccare sul pulsante di acquisto, meglio è.

Tuttavia, ora le cose stanno cambiando: meno informazioni si forniscono, meno è probabile riuscire ad effettuare la vendita.

Se vuoi che le persone acquistino i tuoi prodotti, dovrai guadagnarti la loro fiducia.

Non obbligare i tuoi clienti a fare clic mille volte prima di arrivare a destinazione: pochi clic vanno bene, a patto che tu fornisca abbastanza informazioni per aiutarli a prendere la loro decisione.

Se riuscirai ad attirare i clienti in modo indiretto, ovvero non tramite il tuo link di affiliazione ma tramite una risorsa utile e coinvolgente, guadagnerai la loro fiducia.

Sfrutta al meglio la promozione sui social media: invece di fornire direttamente i tuoi link di affiliazione su Instagram, Facebook, Twitter o qualsiasi altra piattaforma, utilizza una risorsa di valore che includa *anche* il link di affiliazione, ad esempio un video, un post incredibile sul tuo blog o un link per iscriversi a un webinar.

Secondo la mia esperienza e quella di molte altre persone, promuovere i propri prodotti direttamente sui social media non è molto efficace.

Le persone frequentano i social media per essere social, appunto, non per fare acquisti.

In sostanza, sebbene il tuo sito web sia il fulcro della tua strategia di marketing di affiliazione, i social media come Instagram, Facebook, Twitter, LinkedIn, ecc. potranno svolgere un ruolo importante, ma solo se usati correttamente.

15. Regala un bonus.

FACENDO SENTIRE I TUOI acquirenti soddisfatti e incoraggiandoli a convincere quelli più insicuri del valore del tuo prodotto, aggiungerai valore all'acquisto.

Offri un bonus in aggiunta al prodotto in affiliazione, ad esempio un ulteriore prodotto, un software o un prezzo scontato da stabilire con il proprietario del prodotto per incentivare le vendite.

In alternativa, potresti offrire un codice coupon, uno sconto su un altro prodotto che possiedi, una guida rapida in formato PDF con le istruzioni del prodotto o l'accesso ad un sito web con la guida in formato video.

Il bonus potrebbe essere anche un webinar speciale che mostra come utilizzare il prodotto attraverso una sessione di domande e risposte.

Immagina di poter acquistare un prodotto, familiarizzare con esso e poi, pochi giorni dopo, avere accesso a un webinar che mostra esattamente come utilizzarlo, con l'opportunità di porre domande al riguardo.

Non sarebbe fantastico?

16. Realizza dei webinar.

I WEBINAR SONO UNO strumento estremamente potente per condividere un messaggio con il pubblico.

Sono personalizzabili e si svolgono in diretta come gli eventi dal vivo.

Invita il proprietario del prodotto per condividere con il pubblico informazioni di alto valore e persino rispondere ad eventuali domande.

I webinar sono molto più efficaci di un semplice link di affiliazione inserito in un post e permettono di portare la promozione del prodotto al livello successivo.

17. Registra i tuoi webinar.

REGISTRA I TUOI WEBINAR utilizzando un software come ScreenFlow o Camtasia Studio.

È probabile che la registrazione attrarrà più persone del webinar stesso.

Carica la registrazione del webinar nel tuo sito web per coloro che non hanno potuto partecipare di persona o per coloro che hanno partecipato ma vogliono andare a rivedere alcune informazioni.

Sia nel webinar, che nel post in cui metterai il link della registrazione, offri l'opportunità di fare clic sul tuo link di affiliazione più volte.

18. Crea video del prodotto su YouTube.

REALIZZA UN INTERO video del prodotto e poi suddividilo in porzioni più piccole.

Alla gente piace guardare brevi video, inoltre in questo modo avrai più opportunità di scalare i risultati di Google grazie a varie parole chiave correlate al prodotto.

Se si tratta di un prodotto digitale, inizia dal momento dell'acquisto e accompagna lo spettatore attraverso l'intera procedura.

Se si tratta di un prodotto fisico, realizza un video in cui il prodotto viene tirato fuori dalla scatola ed esaminato.

Metti il link dei tuoi video in un post efficace.

Questa strategia è fondamentale perché YouTube è il secondo motore di ricerca più usato al mondo, e tutto ciò significa che ti permetterà di attirare molto traffico sul tuo sito web.

Inoltre, realizzando più video sullo stesso prodotto, avrai maggior visibilità data dalla SEO.

Assicurati di mettere il tuo link di affiliazione nella descrizione del video, soprattutto nella prima parte della descrizione, in modo che le persone non debbano cliccare su "Mostra di più" e continuare a leggere per notarlo.

19. Crea un post efficace.

UNA FASE FONDAMENTALE della promozione di un prodotto è la creazione di un post veramente efficace.

Cos'è un post efficace?

È una potenziale risorsa inesauribile per promuovere un prodotto, non solo una recensione, ma una vera e propria presentazione su come usarlo, quali sono le domande più frequenti, come risolvere determinati problemi ecc.

Fornendo tutte queste informazioni al cliente prima che effettui l'acquisto, è più probabile che acquisti effettivamente quel prodotto.

Un post efficace è anche estremamente condivisibile, con il potenziale per classificarsi in alto tra i risultati di Google e migliorare la SEO grazie a determinate parole chiave.

20. Ringrazia coloro che acquistano tramite i tuoi link di affiliazione.

SE IL SISTEMA DI TRACCIAMENTO dell'azienda di cui sei affiliato ti mostra il nome o l'e-mail dei clienti che acquistano tramite il tuo link, contatta quei clienti e ringraziali.

Fornisci loro un piccolo bonus a sorpresa, qualcosa che non hai detto che avrebbero ricevuto.

In questo modo, li incoraggerai ad acquistare ancora tramite uno dei tuoi link di affiliazione.

21. Ringrazia le persone in anticipo per aver cliccato sul tuo link di affiliazione.

QUANDO DIVULGO I MIEI link di affiliazione nei post o nei video del mio blog, a volte ringrazio le persone in anticipo per averci cliccato.

È una piccola cosa che probabilmente non farà una differenza drastica nelle vendite, ma è facile da fare e verrà apprezzata.

22. Usa un linguaggio personalizzato per promuovere il tuo link di affiliazione.

QUANDO TI ISCRIVI COME affiliato presso un'azienda, spesso ti viene chiesto di usare un determinato linguaggio specifico nelle e-mail, nei post sul tuo blog e nei messaggi sui social media.

Anche se questo linguaggio può essere utile ai fini della vendita, non usarlo proprio al 100%.

Prova a considerarlo come fonte di ispirazione per creare un linguaggio personalizzato.

Se vuoi che il tuo pubblico si fidi di te, fagli ascoltare la tua voce.

Se ti limiterai a copiare da qualche altra parte, il pubblico se ne accorgerà.

23. Tieni traccia del tuo "click-through rate"

SE HAI UN SOLO LINK di affiliazione per tutti i tuoi video, podcast, post, webinar, ecc., come fai a sapere da dove ottieni la maggior parte delle vendite?

Come fai a sapere quali campagne funzionano e quali no?

Nonostante richieda molto tempo, è importante sapere cosa sta succedendo a ciascuno dei propri collegamenti e quindi capire cosa funziona e cosa no.

Tieni traccia dei tuoi link di affiliazione: qual è la loro posizione all'interno dei tuoi contenuti, quale è il click-through rate (ovvero il rapporto fra il numero dei clic generati da un annuncio e il numero delle volte in cui l'annuncio stesso è stato visto) e qual è il tasso di conversione (la percentuale di visitatori unici che hanno effettuato una specifica azione).

24. Fai sapere che usi link di affiliazione.

OLTRE A DIRE CHE STAI usando link di affiliazione, dovresti anche mettere in chiaro che ricevi una commissione per ogni vendita ma senza costi aggiuntivi per i clienti, e che se questi ultimi hanno intenzione di acquistare il prodotto potrebbero aiutarti a guadagnare.

Le persone apprezzeranno la tua onestà.

Inoltre, se fornirai abbastanza informazioni e aiuterai davvero i tuoi clienti, alcuni di essi saranno maggiormente disposti a ripagarti per la tua generosità.

Dichiarare di avere un link di affiliazione su cui tutti possono cliccare è un ottimo invito all'azione.

Almeno negli Stati Uniti, le normative della Federal Trade Commission stabiliscono che, se ricevi un compenso per la promozione di qualsiasi prodotto o azienda, devi rivelare il tipo di relazione che hai con essa.

La cosa migliore che puoi fare è essere onesto fin dal principio in merito ai tuoi link.

Le parole chiave sono trasparenza e autenticità.

Personalmente faccio sempre del mio meglio per rivelare che i miei link sono link di affiliazione.

25. Dai alle persone più opportunità di cliccare sui tuoi link di affiliazione.

UN ALTRO SUGGERIMENTO semplice e veloce è inserire il proprio link di affiliazione nelle immagini dei prodotti e in altri tipi di contenuti rendendo l'accesso al link il più semplice possibile a tutti i visitatori.

Cerca però di non esagerare.

Mettendo il link di affiliazione all'inizio del post, catturerai i "pesci piccoli" (ovvero coloro che cliccheranno su di esso solo perché è a portata di mano).

Invece, è probabile che le persone che continueranno a leggere siano più coinvolte e agiscano, quindi faresti bene ad aggiungere i tuoi link a metà ed alla fine del post.

Questo non vuol dire, però, che devi riempire *ogni* post con *tutti* i tuoi link di affiliazione.

La cosa migliore da fare è posizionare i link dove potrebbero dare i risultati migliori.

Per quanto riguarda un post sul tuo blog, inserisci il link di affiliazione la prima volta che menzioni il prodotto (da qualche parte in mezzo al post) e poi di nuovo alla fine.

Se offrirai al pubblico l'opportunità di cliccare sul tuo link di affiliazione aggiungendolo solo nella parte alta del post, perderai un'opportunità di guadagno per la quale serve poco sforzo, ma che molte persone si lasciano sfuggire.

26. Usa il tuo sito web.

ESISTONO STRUMENTI per fare tutto senza l'aiuto di un sito web, ma se desideri dedicarti al marketing di affiliazione nel modo giusto e per molto tempo dovrai necessariamente crearti un tuo sito web.

In questo modo, eviterai di mettere la tua attività nelle mani di qualcun altro.

L'approccio più intelligente è appunto creare un sito che ti permetta di avere il pieno controllo sull'esperienza del tuo pubblico e dei tuoi clienti.

Piattaforme come Instagram e Facebook risultano limitate se si desidera offrire un'esperienza personalizzata al proprio pubblico, e Twitter è ancora più limitato.

Lo stesso vale per LinkedIn e YouTube: queste piattaforme rappresentano un modo per comunicare, ma servono principalmente a indirizzare le persone al tuo sito web.

Il tuo sito web è il luogo in cui avverranno tutte le azioni principali: sarà qui che le persone acquisteranno i tuoi prodotti, sarà qui che cliccheranno e condivideranno i tuoi contenuti, e sarà qui che potrai ottenere il massimo vantaggio a partire dalla creazione di una mailing list.

Il marketing di affiliazione è un vero e proprio business, ed è per questo che devi averne il pieno controllo: se metterai la tua attività nelle mani di Instagram, Facebook, Twitter o persino Google, rischierai molto.

È vero che molte persone generano entrate passive tramite Instagram, Facebook, Twitter, LinkedIn e YouTube senza nemmeno avere un sito web, ma quest'ultimo è comunque un must per tutti coloro che vogliono avere davvero successo con il marketing di affiliazione.

E se Facebook o Twitter dovessero chiudere?

Probabilmente ciò non accadrà a breve, ma queste piattaforme potrebbero subire modifiche in grado di influenzare notevolmente e negativamente la tua attività.

L'abbiamo visto già più e più volte, specialmente con Facebook che ama apportare modifiche per poter guadagnare sempre di più.

In ogni caso, tanto i social media (Facebook, Twitter o Instagram) tanto i siti web sono ottimi strumenti per creare un tuo pubblico e per cominciare a guadagnare.

27. Offri informazioni e supporto ai tuoi clienti.

IL PASSO SUCCESSIVO è mostrarti disponibile a fornire informazioni e supporto riguardo il prodotto venduto in affiliazione come se fosse un tuo prodotto.

Molte persone preferirebbero non ricevere e-mail dai clienti sui loro prodotti di affiliazione.

Tuttavia, sappi che le persone che ti contattano per ricevere supporto sono quelle più interessate al prodotto e quindi potrebbero aiutarti ad avere successo.

Se sarai sommerso da e-mail di supporto, non devi aver paura!

Non è la fine del mondo.

Nel corso dei miei anni di esperienza in questo campo, non ho mai avuto problemi a ricevere troppe domande.

Offrire supporto ha un valore enorme, in quanto aiuta il tuo pubblico a fidarsi dei tuoi consigli.

Ciò non significa che dovrai essere disponibile 24 ore su 24 per il servizio clienti.

Significa semplicemente che, quando promuoverai i tuoi prodotti, dovrai dire qualcosa come: "Se hai domande su questo prodotto, non esitare a farmele! Conosco il prodotto e voglio mostrarti in che modo può aiutarti a raggiungere i tuoi obiettivi o ad affrontare le tue difficoltà e i tuoi problemi".

Se lo farai, il tuo pubblico penserà: "Questa persona sa di cosa sta parlando ed è sicuramente disposta a rispondere ad eventuali domande".

Una semplice risposta alla domanda del cliente potrebbe essere sufficiente per convincerlo a cliccare sul tuo link e ad effettuare l'acquisto.

Infatti, il cliente si sentirà più a suo agio con l'acquisto, poiché saprà di potersi rivolgere ancora a te in caso di domande.

In conclusione, se qualcuno ha domande su un prodotto prima di effettuare un acquisto, digli di rivolgersi a te, a qualcuno del tuo staff o al tuo assistente virtuale.

28. Aiuta il tuo pubblico a conoscere il più possibile il prodotto.

FORNISCI AL TUO PUBBLICO informazioni complete sul prodotto: più informazioni darai, più le persone si sentiranno a loro agio nell'effettuare l'acquisto.

Invece di scrivere solo uno o due paragrafi che descrivono il prodotto e cosa può fare per il cliente, mostra a quest'ultimo come funziona e quali sono i suoi vantaggi.

Spiega cosa significa possedere quel prodotto, condividi alcuni suggerimenti per rendere l'esperienza di utilizzo ancora migliore, fornisci risposte alle domande più frequenti.

29. Mostra i tuoi risultati.

UNO DEI MODI MIGLIORI grazie ai quali sono riuscito a portare il mio reddito derivante dal marketing di affiliazione al livello successivo è stato mostrare alle persone cosa ho guadagnato grazie ai miei prodotti.

Dimostrando che ho effettivamente avuto successo con ConvertKit, sono riuscito a costruire un rapporto di fiducia con il mio pubblico e a convincere anche i clienti più insicuri del valore dei miei prodotti.

ConvertKit mi aiuta ad effettuare le mie campagne di e-mail marketing, a mostrare i miei risultati e quindi a crearmi un seguito ancora più vasto.

30. Assicurati che il prodotto sia utile per il tuo pubblico.

NEL MOMENTO IN CUI decidi di promuovere qualcosa come affiliato, ti leghi a un marchio, a una società e ad un prodotto, e se quel prodotto non sarà apprezzato tutto ciò si rifletterà su di te.

Una volta mi è stato chiesto di promuovere un prodotto che sapevo avrebbe venduto bene e mi avrebbe fatto guadagnare molto.

Alla fine ho preferito non promuoverlo, perché non mi piaceva il modo in cui l'azienda gestiva la procedura di up-selling, che era molto aggressiva e prevedeva una prova di 30 giorni.

Non mi andava bene, quindi non l'ho promosso.

Potrei aver perso denaro a causa di quella decisione, ma penso che sia stata la cosa giusta da fare.

Se è una sconfitta per te, è una sconfitta per tutti.

Se invece credi che un prodotto è ottimo, sarai ringraziato dai tuoi clienti e sarà una vittoria per tutti e due.

È fondamentale condividere o consigliare qualcosa che aiuti effettivamente il pubblico.

Poniti sempre queste domande:

Mi fido ad indirizzare le persone alla pagina di vendita di quel prodotto?

Reputo il prodotto veramente valido?

Se c'è un servizio clienti per quel prodotto, sarà effettivamente in grado di aiutare le persone?

31. Impara a conoscere il prodotto.

SE NON HAI MOLTA FAMILIARITÀ con un prodotto, non promuoverlo.

Questa potrebbe non essere una regola seguita dalla maggior parte dei marketer che vendono in affiliazione, ma è quella che personalmente ho seguito per anni con grande successo e che mi ha aiutato a costruire fiducia nel pubblico.

Naturalmente è opportuno prendere in considerazione l'opportunità di guadagno per ogni vendita, ma la commissione non dovrebbe guidare completamente la decisione di promuovere un prodotto o meno; ma dovrebbe costituire solo *parte* dell'intera decisione finale.

Impara a conoscere i prodotti che promuovi.

Conoscere veramente il prodotto influenza positivamente il tuo modo di promuoverlo.

Uno dei più grandi errori commessi dalle persone quando tentano di vendere un prodotto come affiliati è il fatto che non sanno molto a proposito del prodotto.

Questo aspetto, di solito, deriva dal desiderio di guadagnare il più possibile, senza concentrarsi sul come fornire la migliore esperienza al cliente.

32. Costruisci fiducia nel tuo pubblico.

LE RELAZIONI CON LE persone sono estremamente importanti per l'affiliate marketing: non avrai mai un successo duraturo finché non guadagnerai la fiducia del tuo pubblico.

Fai in modo che le persone che conosci facciano marketing al posto tuo, non per i prodotti in affiliazione che promuovi, ma per te o per il tuo marchio.

Le amicizie e le relazioni tra le persone sono uno strumento potente per costruire fiducia nel pubblico.

È importante dare a tutti, non importa quanto grande o piccolo possa sembrare quel contributo: una persona che conosci potrebbe conoscere qualcuno che a sua volta conosce qualcuno che potrebbe diventare il tuo più grande cliente o una fonte di opportunità che altrimenti non avresti mai trovato.

Fornisci al tuo pubblico tutto ciò che è possibile: informazioni gratuite, materiale gratuito di alto valore o semplicemente il tuo tempo.

Il karma esiste anche online: più dai, più riceverai in cambio e a volte nemmeno dalle stesse persone a cui hai dato.

Il mio consiglio numero uno è quindi creare fiducia nel pubblico!

Naturalmente, per sviluppare tale fiducia e poi mantenerla, avrai bisogno di tempo ed energia.

Non aspettarti che le cose accadano dall'oggi al domani: concentrati innanzitutto sulla costruzione della tua comunità e sulla creazione di fiducia all'interno della stessa, e tutto verrà da sé.

Dopo aver guadagnato quella fiducia, la tua comunità ti mostrerà quasi automaticamente apprezzamento per i tuoi prodotti e volontà di consigliarli ad altre persone.

Come mostrano tutti i suggerimenti finora menzionati, ci sono moltissime cose che potrai fare per aumentare il numero di persone che cliccano sui tuoi link in affiliazione e acquistano i prodotti che stai promuovendo.

Ricorda, però, che il marketing di affiliazione non è la soluzione semplice e rapida a tutti i problemi.

Richiede concentrazione, impegno e una certa organizzazione per far sì che si svolga nel modo che preferisci.

Naturalmente, se funzionerà, sarà una vittoria per entrambe le parti!

7 suggerimenti su come guadagnare davvero con YouTube

1. Rifletti.

È effettivamente possibile guadagnare con YouTube? Assolutamente!

È possibile ricavare un reddito enorme con le entrate pubblicitarie basate sulle visualizzazioni? Probabilmente no.

È quindi necessario identificare i vari modi per sfruttare YouTube al fine di ottenere flussi di entrate.

2. Sfrutta YouTube per partecipare agli eventi dal vivo.

NON IGNORARE MAI LA possibilità di far crescere il tuo pubblico: sfrutta la tua reputazione su YouTube per partecipare ad eventi dal vivo.

Gli eventi dal vivo possono essere molto redditizi: è perfettamente possibile generare entrate passive da una presentazione di un'ora, quindi assicurati di cogliere opportunità del genere.

Se il tuo canale YouTube è focalizzato su una nicchia o su un pubblico specifico, fai delle ricerche sulle conferenze annuali o su altri eventi nel tuo settore ai quali partecipano speaker importanti.

Utilizza le tue statistiche di YouTube ed alcune delle tue migliori clip per mettere insieme un pacchetto efficace da presentare agli organizzatori di quegli eventi.

3. Attira sponsorizzazioni.

L'ASPETTO POSITIVO delle sponsorizzazioni su YouTube è che puoi negoziare qualsiasi contratto tu voglia in base alle tue visualizzazioni ed alla dimensione del tuo pubblico.

Nella maggior parte dei casi, le entrate generate dalle sponsorizzazioni sono sostanzialmente superiori alle entrate pubblicitarie (in ogni caso, è un po' come avere due fonti di reddito a partire dallo stesso video).

Analizza gli YouTuber di maggior successo e noterai la quantità di sponsorizzazioni e pubblicità presenti nei loro video.

Si tratta di opportunità che ogni video maker dovrebbe cercare e sfruttare al meglio.

4. Invia traffico diretto ai tuoi link in affiliazione.

IL MARKETING DI AFFILIAZIONE è ovviamente un'opportunità di guadagno online estremamente popolare.

Il problema è che molti marketer che vendono in affiliazione non si cimentano abbastanza per generare effettivamente un reddito consistente.

Invece di limitarti all'uso di blog statici per indirizzare le persone ai tuoi link di affiliazione, prova a creare un vivace canale YouTube da usare come principale "catalizzatore" di traffico.

Poiché Internet continua ad usare i video come fonte primaria di contenuti, approfitta di questa curva per trarne vantaggio ora!

5. Vendi video premium con Yondo.

SE IL TUO OBIETTIVO è quello di guadagnare attraverso la creazione di video, esiste un'opzione di gran lunga migliore che dipendere semplicemente dalle entrate pubblicitarie.

Crea un canale YouTube, coinvolgi un pubblico ampio e costruisci il tuo marchio.

Una volta ottenuta una certa notorietà, inizia ad indirizzare traffico verso le tue pagine di destinazione: qui potrai vendere agli spettatori contenuti video premium attraverso una piattaforma chiamata Yondo.

Yondo permette di creare una sorta di negozio online per vendere su richiesta particolari contenuti in formato video sul proprio sito web.

Potrai vendere contenuti in modalità pay-per-view, abbonamenti mensili e simili, ma soprattutto potrai impostare il prezzo che preferirai senza dover dividere metà degli incassi con YouTube.

6. Vendi i tuoi prodotti con Shopify.

NEL CAMPO DEL MARKETING, YouTube è il secondo motore di ricerca più frequentato al mondo subito dopo Google: non ignorare questa grande risorsa!

Una delle migliori opportunità per guadagnare con YouTube è quella di utilizzarlo per vendere prodotti.

Supponiamo che tu abbia già un buon prodotto da vendere: potrai costruirti un negozio online utilizzando una piattaforma come Shopify.

Crea video semplici, coinvolgenti e rilevanti nella nicchia del tuo prodotto e alla fine di questi video inserisci inviti all'azione che indirizzano traffico alle pagine di destinazione dei tuoi prodotti.

In sostanza, per guadagnare reddito passivo con YouTube, è necessario smettere di vedere questa piattaforma come un mezzo monetizzabile in sé e per sé.

YouTube è più un "catalizzatore" di traffico, in modo da permetterti di estendere la tua rete di contatti.

È così che guadagnerai davvero con YouTube.

7. Affronta le sfide di YouTube.

UN MILIONE DI VISUALIZZAZIONI genera solitamente poche migliaia di euro, e tra l'altro ottenere milioni di visualizzazioni è molto impegnativo.

Tuttavia, per coloro che sono disposti a lavorare sodo e sviluppare piani aziendali efficaci, gli annunci di YouTube non sono l'unico strumento per generare entrate.

Anche se gli advertiser pagano una cifra ingente per promuovere i propri prodotti tramite gli annunci video, solo una parte delle loro spese finisce nelle tasche di chi crea contenuti.

Ad esempio, se gli advertiser pagano in media € 10 per 1.000 visualizzazioni di annunci, i video in cui sono stati mostrati tali annunci possono generare solo € 1 o 2 per 1.000 visualizzazioni.

Un mito da sfatare riguardo YouTube è che è sufficiente pubblicare alcuni video per attirare molti spettatori ed incassare le entrate generate dagli annunci.

Tutto ciò sembra facile e senza sforzo, tant'è che molte persone vendono questa come un'idea per arricchirsi velocemente.

Tuttavia, la realtà è ben diversa, in quanto non è possibile guadagnare reddito passivo solo con le entrate pubblicitarie di YouTube.

Per guadagnare davvero su questa piattaforma, bisogna impegnarsi di più e stabilire una strategia più sostenibile.

Molti articoli sottolineano come YouTube sia la piattaforma migliore per guadagnare direttamente da casa.

Anche se tutto ciò è vero, tale obiettivo non può essere raggiunto in modo tradizionale come molti credono o vogliono farti credere.

Suggerimenti su come guadagnare con la fotografia

Ti piace la fotografia e disponi di uno smartphone con una fotocamera? Potresti convertire le tue foto in una fonte di reddito passivo vendendole su siti come Shutterstock.

Su questa piattaforma è possibile vendere le proprie foto ricevendo in cambio una percentuale o una tariffa fissa per ogni foto venduta ai clienti del sito.

Dopo aver creato un account su Shutterstock o su un'altra piattaforma incentrata sulle fotografie stock, arriva la parte più difficile: farsi accettare.

A tal fine dovrai inviare un portfolio di fotografie, ovvero un campione di diverse foto.

Ecco alcuni suggerimenti su come ottenere l'approvazione:

Non scegliere dieci immagini tutte sullo stesso tema.

Ad esempio, non fotografare lo stesso animale in diverse posizioni perché potresti essere rifiutato per aver inviato dei doppioni.

Tralascia le foto che contengono riflessi oppure cerca di aggiustarle con Photoshop prima di inviarle.

Non ritagliare le tue prime dieci foto; lascia spazio intorno al soggetto principale.

Non inviare immagini quadrate o di dimensioni esagerate: questo aspetto dipende dalle preferenze dalla piattaforma, quindi all'inizio è meglio non osare.

Non utilizzare foto di luoghi pubblici, persone oppure oggetti creati dall'uomo: queste foto vengono spesso rifiutate a causa di vari problemi di copyright.

Assicurati che non ci siano marchi o nomi di marchi: a volte sono così piccoli che è facile non notarli.

Non cercare di stupire con qualcosa di stravagante, almeno all'inizio.

Ad esempio, non inviare immagini panoramiche con delle auto: usa questa opzione per quando sarai accettato.

Vai sul sicuro, anche a costo di risultare "noioso".

Sempre per sicurezza, non inviare foto molto popolari come fiori, cani o gocce d'acqua: è molto probabile che foto del genere vengano rifiutate poiché il database ne è pieno.

Dopo essere stato accettato da Shutterstock, potrai inviare tutte le foto che ti piacciono.

Ricorda che concentrarsi su contenuti di nicchia e sugli hashtag con parole chiave al fine di aumentare la visibilità delle proprie foto su vari motori di ricerca è molto più importante che passare ore a cercare di fare lo scatto perfetto.

Naturalmente tutto ciò non vuol dire che le foto di altissima qualità che richiedono tempo non valgono nulla, anzi: foto di questo tipo non dovrebbero essere vendute sui siti di fotografie stock, bensì direttamente alle agenzie di marketing e agli utenti finali.

Solo così otterrai il giusto pagamento.

Personalmente ho appreso che sui siti di fotografie stock c'è una grande richiesta di foto del tutto casuali, non certo di foto "sbalorditive" di luoghi esotici.

In effetti, alcune delle mie migliori foto (scattate con una fotocamera professionale di alta qualità) non sono mai state vendute nemmeno una volta, mentre le foto casuali che ho scattato con il mio iPhone sono state vendute più volte!

Naturalmente, quando si valuta qualsiasi idea di reddito passivo, è importante cercare informazioni su eventuali costi oppure ostacoli imprevisti.

Nel caso delle fotografie stock, in passato erano necessarie attrezzature fotografiche professionali molto costose e inoltre il caricamento delle foto richiedeva tempo.

Oggi, grazie ai sofisticati smartphone di cui disponiamo, possiamo scattare e vendere ottime foto della nostra vita quotidiana senza alcuna spesa.

In questo modo, ogni singola foto rappresenta un'opportunità di reddito passivo, in quanto può essere venduta più e più volte.

Dovrai semplicemente creare il tuo portfolio di foto, caricare le immagini sulla piattaforma e lasciare che l'attività diventi completamente passiva.

Infine, potrai ricevere un assegno (o un pagamento PayPal) ogni mese per i diritti che riceverai sulle tue foto.

Suggerimenti sull’autonoleggio

Scalabilità

La scalabilità è molto importante: quando raggiungerai più di 5 auto, dovrai tenere traccia di tutte queste auto e delle relative attività di noleggio.

Personalmente ho stipulato un accordo con un parcheggio per ospitare tutte le mie auto.

Quando le persone vogliono noleggiare le mie auto, i miei assistenti gestiscono tutto il lavoro, incluse le foto ad eventuali danni e la consegna delle chiavi.

Naturalmente non sarei potuto arrivare a questo se i miei partner non avessero investito nella mia idea.

Guadagnare qualche migliaio di Euro o Dollaro.

PER GUADAGNARE CON l’autonoleggio, è necessario districarsi nel migliore dei modi su Internet.

Condividerò un accordo di cui ho approfittato: ora non è più attivo, quindi non ha senso cercarlo di nuovo.

Nel dicembre del 2016, ho aggiunto delle Chevrolet Cruze alla mia “flotta” per $ 18 al mese (tariffa che ho pagato in anticipo) e le ho affittate a $ 35 al giorno.

Il costo totale era di $ 700 con tasse, documenti e licenza, che per fortuna mi è stato rimborsato, perché in quel periodo Costco stava distribuendo carte regalo da $ 700 per chi aveva acquistato una crociera.

Inoltre, la mia assicurazione mensile sull'auto era di circa $ 8.

Nello specifico:

Tariffe giornaliere / settimanali / mensili per ogni Chevrolet Cruze: $ 35 / $ 169 / $ 550

Dopo le commissioni: 25% = ~ $ 27 / $ 127 / $ 412

Margini di profitto medi per ogni auto: 2500%

Anche con il minimo profitto di $ 400 al mese, avrei guadagnato $ 2.400 per ogni Chevrolet Cruze.

I numeri reali, però, erano più vicini a $ 600-800 al mese, perché la maggior parte delle persone affittava per 3-4 giorni a $ 35 al giorno.

Dopo il primo mese, ho letteralmente ripagato l'intero noleggio con un profitto del 2500%.

Non so come sia successo, ma è successo.

Forse ora ti stai chiedendo: cosa succede se si superano i chilometri stabiliti dal contratto?

Ecco la risposta.

Supponiamo che i termini del contratto siano di 16.000 km all'anno per 2 anni per un totale di 32.000 km in 24 mesi.

La media mensile di chilometri accumulati è di circa 5.000 km.

Secondo questo calcolo, 32.000 km si raggiungono verso il settimo mese.

A quel punto restituisco l'auto oppure la parcheggio nel mio garage per i restanti mesi.

Tuttora, nel tempo libero, mi siedo al pc e cerco costantemente nuovi contratti da stipulare.

Assistenza clienti

DIVERSI TIPI DI AUTO attirano diversi tipi di clienti.

Se noleggerai auto economiche, attirerai clienti a basso reddito.

In passato ho avuto problemi a causa di persone che cercavano di trovare difetti nelle auto e quindi chiedevano il rimborso.

Lo stesso vale per i clienti a reddito più alto che noleggiano i veicoli più tecnologici: se l'auto non è perfetta, preparati a rimborsare!

Ho notato che i clienti che noleggiano auto di livello base tendono ad informarmi riguardo i problemi più banali rispetto ai clienti che noleggiano auto più tecnologiche.

Dato che ho appena iniziato a noleggiare più auto di livello base, questa tendenza è abbastanza nuova per me e non sono ancora sicuro di saperla affrontare al meglio.

In ogni caso, è bene offrire un servizio clienti efficiente.

In poche parole, se sei scortese e non ti interessa affatto delle persone, abbandona l'idea di noleggiare auto.

Ricorda che questo servizio esiste principalmente perché le persone sono stufe dei prezzi elevati e del servizio clienti robotico offerto dalle principali società di noleggio.

Se sei un essere umano, devi comportarti come tale anche quando noleggi le tue auto.

Se un cliente è in ritardo di 30 minuti, non hai motivo di provare ad addebitargli una penale per il ritardo: non solo perderesti quel cliente per tutta la vita, ma potresti anche ricevere una recensione negativa.

Se ricevi molte recensioni negative, verrai espulso dalla piattaforma e le persone non noleggeranno mai più le tue auto.

Individua i problemi che potrebbero sorgere e mettiti nelle condizioni di affrontarli correttamente.

Preferenze

È MOLTO IMPORTANTE elencare chiaramente le istruzioni per il ritiro dell'auto.

Se l'indirizzo del tuo autonoleggio è diverso da quello di ritiro dell'auto, dovrai chiarirlo già nella prima frase della presentazione dell'auto.

Nonostante ciò, la maggior parte dei clienti dimentica di leggere le istruzioni e quindi incontrerai comunque qualcuno che ti chiederà dove ritirare l'auto.

Potresti anche consegnare il veicolo al noleggiatore ad un costo aggiuntivo, ma solitamente sconsiglio questa opzione perché il mio primo mese di consegne mi ha letteralmente risucchiato l'anima.

Nessuna somma di denaro mi farà desiderare di consegnare di nuovo un'altra macchina!

Per questo ho deciso di affidare la consegna dell'auto ad altre persone usando TaskRabbit (un'app che affida piccoli lavori a persone disposte a farli) e quindi ho stabilito come prezzo di consegna $ 50.

È una buona idea impostare un prezzo di consegna per tutti i principali aeroporti più vicini a te, in quanto la maggior parte dei noleggi sono richiesti da persone arrivate in aereo.

Imposta anche un termine di preavviso per la prenotazione dell'auto (ad esempio da tre ore fino a pochi giorni) in modo da avere tutto sotto controllo.

Il mio termine di preavviso è di tre ore, perché la maggior parte dei miei clienti sono viaggiatori dell'ultimo minuto che non riescono a trovare un buon affare con le società di autonoleggio tradizionali.

Nella descrizione dell'auto è importante chiarire anche i limiti del chilometraggio.

Per esempio, potresti addebitare 80 centesimi per chilometro oltre il limite assegnato.

Io, però, non sono un perfezionista e lascio che i miei clienti superino il limite di 50 km prima di applicare questa tariffa, oppure chiedo loro di pagarmi $ 25 extra ogni 150 km.

Questa opzione è molto più ragionevole e fa sentire a proprio agio i clienti.

Inoltre, facendo una piccola ricerca, ho scoperto che le mie auto vengono guidate MOLTO meno quando il chilometraggio è illimitato, mentre quando viene assegnato un limite, le persone cercano di avvicinarsi il più possibile a quel limite.

È nella natura umana massimizzare (basti pensare a come cerchiamo di massimizzare i nostri guadagni).

Spetta a te impostare un chilometraggio massimo per le tue auto.

Per quelle di lusso si stabilisce solitamente 250 km al giorno, 1500 km a settimana e 2500 km al mese; sui veicoli più semplici è preferibile lasciare il chilometraggio illimitato.

Calendario

SE NECESSARIO, È POSSIBILE modificare il prezzo dell'auto su base giornaliera.

Questo aspetto è importante perché da alcune ricerche emerge che le persone pagano di più nei fine settimana per un'auto da usare nel tempo libero rispetto a coloro che noleggiano un'auto in settimana per altri motivi.

Per un'auto più costosa, nei fine settimana è possibile aumentare il prezzo di $ 20-50 al giorno.

Anche nei fine settimana si riscontrano considerevoli aumenti di prezzo.

Usa a tuo vantaggio tutti questi aspetti.

Esistono app per l'autonoleggio che permettono di segnare i giorni in cui l'auto non è disponibile; una volta che l'auto è stata noleggiata da qualcuno, l'app bloccherà automaticamente quel periodo di tempo.

È importante prolungare l'indisponibilità dell'auto sull'app nel caso in cui il cliente consegni l'auto in ritardo, per evitare che un altro cliente la prenoti subito dopo e si ritrovi ad aspettare.

Prezzi

MOLTE PERSONE COMMETTONO errori in merito.

Come per qualsiasi altra attività, bisogna abbandonare i sentimenti e le emozioni personali.

Molti gestori di autonoleggi offrono le loro auto a prezzi esagerati o perché credono che esse valgano molto o perché si tratta di auto che loro stessi usano.

Le app di autonoleggio permettono di valutare automaticamente le proprie auto in base ai dati di mercato: si tratta certamente di un'ottima funzione, ma se per esempio tutti gli altri mettono in vendita le loro auto a $ 90 e tu vuoi offrire le tue a $ 40 non è la scelta migliore.

Assicurati di valutare le tue auto personalmente e mantieni i prezzi coerenti.

Negoziare un buon affare fin dall'inizio è estremamente importante per il successo del tuo futuro impero di autonoleggio!

Far pagare meno rispetto ai prezzi di mercato in linea generale è la chiave giusta per guadagnare molto.

Come affermato in precedenza, alcune persone noleggiano auto di basso livello a circa $ 90 al giorno, ma un prezzo più realistico sarebbe $ 30- $ 40 al giorno.

Se deciderai di noleggiare un veicolo a questo prezzo, secondo le statistiche sarà probabile che la tua auto verrà noleggiata più di 22 giorni al mese e in generale le persone si rivolgeranno a te molto più spesso.

Anche sapere quali tipi di auto noleggiare è fondamentale: fai delle ricerche nella zona in cui vivi.

Le auto più redditizie al momento sono i SUV di medie e grandi dimensioni, e le auto sportive di lusso.

Tuttavia, è probabile che nella tua zona nessuno noleggi un SUV di grandi dimensioni, quindi fai attenzione a ciò che ti circonda.

Controlla i prezzi attuali e prova ad abbassare i tuoi.

In generale, per condurre uno stile di vita soddisfacente, dovrai sfruttare le tue idee per la creazione di reddito passivo al loro massimo potenziale.

CONCLUSIONE

I flussi di reddito passivo sono fondamentali per il proprio portafoglio, in quanto possono generare reddito con poco o nessuno sforzo, diversificare il portafoglio stesso ed aumentare il flusso di cassa nel complesso.

Le persone che hanno più successo sono quelle che hanno il maggior controllo sul proprio tempo.

Più lavoro dedicherai alla generazione di flussi di reddito passivo, più controllo avrai sul tuo tempo nel lungo termine.

Sia un prodotto che un servizio potrà aiutarti a sviluppare un enorme flusso di entrate, ma a tal fine ti serviranno gli strumenti giusti.

Le opportunità per la creazione di reddito passivo ti avvicineranno anche alla libertà finanziaria facendoti guadagnare un reddito aggiuntivo, ma prima dovrai essere disposto ad investire capitale, dedizione e tempo.

Cose come le criptovalute ed il mercato forex espongono i tuoi investimenti iniziali a enormi rischi.

È quindi imperativo prendere in considerazione vari fattori prima di decidere quale sia la migliore idea da perseguire per la generazione di reddito passivo.

Non è necessario vendere un prodotto fisico: molti prodotti digitali possono essere creati a basso costo e venduti online.

Se stai cercando di vendere un prodotto fisico online, considera servizi come Shopify, eBay, Craigslist ed Etsy.

Inizialmente potresti provare diversi tipi di strategie tra cui l'e-mail marketing, la SEO, il marketing di affiliazione, le pubblicità online e i servizi freelance.

Valuta con saggezza le azioni e il mercato forex.

Assicurati di fare molte ricerche e di spendere solo il denaro che sei disposto a perdere.

Non è necessario un budget iniziale elevato: puoi anche pubblicare i tuoi prodotti gratuitamente sui social media.

Se possiedi un computer ed hai accesso a Internet, sarai perfettamente in grado di avviare un'attività online con l'obiettivo di essere finanziariamente indipendente.

FAQ

Il reddito passivo funziona davvero?

Sì, il reddito passivo è il modo in cui le persone più ricche continuano a costruire ricchezza.

Se non hai abbastanza soldi, puoi sfruttare il tuo tempo ed i tuoi sforzi per creare ulteriori flussi di reddito che crescono con il passare del tempo.

Man mano che accumulerai denaro, potrai impiegare quel denaro (e persino combinarlo con il tuo tempo) per generare un reddito sempre più passivo per il tuo futuro e/o per le tue generazioni future.

Il reddito passivo non richiede davvero nessun lavoro?

IL REDDITO PASSIVO richiede sempre di investire qualcosa in anticipo: o tempo o denaro.

Il reddito passivo diventa veramente "passivo" solo dopo un po' di duro lavoro iniziale, ed è proprio questo che attrae molte persone.

Ad esempio, dopo aver trascorso 6 mesi a scrivere un libro, potrai goderti il reddito derivante dai diritti d'autore su quel libro per il resto della tua vita senza ulteriore lavoro.

Tutto ciò non vuol dire che non puoi fare nulla per incrementare i tuoi flussi di reddito passivo, anzi!

Quali sono le idee per la creazione di reddito passivo più in uso?

LE IDEE PIÙ IN USO includono: investire nel mercato azionario, affittare proprietà immobiliari, investire in un'azienda e persino avere un conto di risparmio ad alto rendimento.

Tutti questi approcci generano automaticamente reddito passivo, ma richiedono un capitale iniziale.

Naturalmente esistono anche molte altre idee.

In cosa posso investire per avere un reddito passivo?

SE PREFERISCI UN APPROCCIO più sicuro, potrai investire in un conto di mercato monetario o in un CD ladder per ottenere un rendimento senza rischi.

In alternativa, potrai investire anche in azioni con dividendi, fondi comuni di investimento e strumenti di debito come le obbligazioni.

Quali sono alcuni esempi di reddito passivo?

INVESTIRE È UN BUON esempio di reddito passivo.

È possibile investire nelle azioni di una società e quindi ricevere il pagamento di un dividendo e l'apprezzamento sull'investimento.

Un altro esempio molto in uso è il settore immobiliare che permette di acquistare una proprietà e godersi l'affitto come fonte di reddito passivo.

Perché i flussi di reddito passivo sono così importanti?

LA GENERAZIONE DI FLUSSI di reddito passivo è uno degli investimenti migliori per raggiungere la libertà finanziaria ed avere un maggiore controllo sul proprio tempo.

In fin dei conti, il tempo è la nostra risorsa più importante e più preziosa, ma è anche quella più limitata.

Infatti, a differenza di altre risorse, il tempo non può essere più recuperato.

Per massimizzare il potenziale di questa preziosa risorsa, dobbiamo investire con saggezza sia nel nostro tempo sia nel denaro guadagnato con fatica.

www.ingramcontent.com/pod-product-compliance
Lightning Source LLC
LaVergne TN
LVHW051102051026
849532LV00004BB/1405